庫

岡山の神社探訪（中）

－古社・小社をめぐる－

監修・野崎豊　執筆・世良利和

日本文教出版株式会社

岡山文庫・刊行のことば

岡山県は古く大和や北九州とともに、吉備の国として二千年の歴史をもち、遠くはるかな歴史の曙から、私たちの祖先の奮励とそして私たちの努力とによって、現在の強力な産業県へと飛躍的な発展を遂げております。

小社は創立十五周年にあたる昭和三十八年、このような歴史と発展をもつ古くして新しい岡山県のすべてを、〝岡山文庫〟（会員頒布）として逐次刊行する企画を樹て、翌三十九年から刊行を開始いたしました。

以来、県内各方面の学究、実践活動家の協力を得て、岡山県の自然と文化のあらゆる分野の様々な主題と取り組んで刊行を進めております。

郷土生活の裡に営々と築かれた文化は、近年、急速な近代化の波をうけて変貌を余儀なくされていますが、このような時代であればこそ、私たちは郷土認識の確かな視座が必要なのだと思います。

岡山文庫は、各巻ではテーマ別、全巻を通すと、壮大な岡山県のすべてにわたる百科事典の構想をもち、その約50％を写真と図版にあてるよう留意し、岡山県の全体像を立体的にとらえる、ユニークな郷土事典をめざしています。

岡山県人のみならず、地方文化に興味をお寄せの方々の良き伴侶とならんことを請い願う次第です。

神社の古さと格式

野崎　豊

この中巻には、雑誌『オセラ』で紹介した神社を含む合計36社が収録されました。その中には「式内社」と呼ばれる古社がいくつかあります。神社の古さや格式を云々する際、しばしば『延喜式神名帳《えんぎしきじんみょうちょう》』に名前があるかないかが基準とされます。

この神名帳は平安後期の延喜5（905）年から編纂が始まり、延長5（927）年に完成した法令集『延喜式』の巻9と巻10のことで、当時の官社の一覧表となっています。そこに挙げられている神社を「式内社」と呼び、一般に格式のある古社として扱われます。もちろん式内社は、遅くとも西暦900年代の初めには祀られていたのですから、古社には違いありません。当時から崇敬されてきた重要な神社だと考えてよいでしょう。

式内社は岡山県下に49社あり、備前21社（26座）、備中18社、美作10社（11座）です。けれども、その式内社が現在のどの神社のことなのかについては、はっきりしないケースが少なくありません。また、式内社は当時の権力者の意向が反映された結果だとも言えるでしょう。加えて明治4（1871）年の官社制度に際して『延喜式』が参照されたことも、式内社の権威付けにつながったと考えられます。

これに対して、『延喜式』に記載されなかった神社は、一般に「式外《げ》社」と呼ばれます。式内社に比べると歴史が浅くて格下という印象を持たれると思いますが、そうした先入観は捨てた方がいいでしょう。たとえば国が編纂した6つの正史、いわゆる「六国史《りっこくし》」に名前の見える式外社のことを「国史見在社《こくしけんざいしゃ》」と呼びます。これは資料が『延喜式』より古いだけに、神社の特定は式内社よりさらに難しくなります。

式外社の中には、『延喜式』以前から祀られていたというだけでなく、起源や変遷、信仰の在り方などが興味深い神社が数多くあります。いずれにしても、神社の古さや格式、社殿の大きさばかりにとらわれるのではなく、何度も現地を訪れて自分の目で情報を集めることが大切だと思います。

2024年5月記す

岡山の神社探訪（中）―古社・小社をめぐる―／目次

神社の古さと格式　3

表紙…梶並神社（美作市）／扉…麻御山神社（岡山市東区）

岡山の神社探訪（中）―古社・小社をめぐる―

本書は、雑誌『オセラ』連載の「岡山の神社　気ままめぐり」（２００６～２０１６）から抜粋して大幅な修正と写真の入れ替えを行った16回分に、新たな書き下ろしを加えたものである。

37　足高神社《あしたか》　倉敷市笹沖1033

倉敷市の笹沖交差点から直線で南西へ約500メートルのところにある足（葦）高山は、かつて吉備の穴海に浮かぶ無数の島々の一つだった。その山頂に祀られている足高神社は、『延喜式神名帳《えんぎしきじんみょうちょう》』に名前の見える式内社で、備中18社の一つに数えられてきた。足高山が島だった頃、周囲の海域は潮の流れが激しく、渦を巻く航行の難所だったため、足高神社の前を通過する船は航海の安全を祈り、また当社に崇敬の念を示して帆を下ろしたそうだ。

それが「帆下《ほさ》げの宮」という趣のある当社の別称の由来とされ、その名は今も神社南側の階段下にある石碑に刻まれている。近在では「帆落し天神」と呼ばれた玉島八島の神前《かんざき》神社などが同様の例だろう。また現在の足高神社の社殿は南向きに建っているが、おもしろいことに古くは正反対の北向きだった時期があるという。それは当時の航路が足高山の北側、ちょうど国道2号が走るあたりを通っていたからだとも、帆を下げないと転覆する神威を恐れてのことだとも伝えられる。

現在の祭神は山神・大山津見命《おおやまつみのみこと》、その娘である石長比売命《いわながひめのみこと》、木花之佐久夜比売命《このはなのさくやひめのみこと》姉妹の三柱とされている。この姉妹は瓊瓊杵命《ににぎのみこと》に嫁いだ美醜一対の姉妹として記紀神話にも登場する。古くは航海の神様として崇敬された当社だが、周囲が市街地化した現在では、船に代わって自動車の交通安全を守る神としても信仰されている。境内から東に下りた禊橋《みそぎ》の前に設けられた車体をお祓いする場所は、元の参道階段の跡だ。

境内の建物は屋根付きの参道から本殿へ連なる南北のラインと、東西に伸びる渡り回廊が十字に交差し、その両翼には社務所などが配されて対称形を成している。上空から撮影した写真を見ると美しく形の整った神社で、境内の清掃もよく行き届いている。本殿は檜皮葺きの大きな入母屋流造りで、屋根の葺き替えも定期的に行われてきた。社紋は笹竜胆《ささりんどう》だが、よく見かける五葉ではなく七葉というのが珍しい。

本殿の北西裏には磐座《いわくら》様が祀られているほか、境内には遠く種松山頂の磐座を拝むための場所も残り、古代信仰の姿を垣間見ることができよう。また足高山の南麓に回ると、かつての正面参道入り口に稚児岩と呼ばれる大きな岩がある。付近には石燈篭や御堂が建つが、現在はこの岩を祀っている様子はなく、磐座かどうかわからない。

（書き下ろし２０２３年８月取材）

境内南の石段脇には「帆下宮」と刻まれた石碑がある。

神扉などに見える社紋は珍しい七葉の笹竜胆だ。

檜皮葺きの屋根を持つ大きな入母屋流造りの本殿。

南麓の旧正面参道口付近にある稚児岩。

38　穴門山《あなとやま》神社　倉敷市真備町妹《せ》895

倉敷市真備町妹の穴門山神社は、標高384メートルの高山《こうやま》山頂付近に鎮座している。国道486号から井原鉄道の備中呉妹《くれせ》駅の少し西を北へ入ると、穴門山神社を遥拝する赤い鳥居が立っている。そのまま川沿いを北に向かい、集落の端から高山へと登る道は狭い。南から歩いて上がる参道もあったが、現在は荒れ果て、境内入口の狛犬も石が溶けて原型をとどめていない。

当社は創建年代不詳ながら、日本武命《やまとたけるのみこと》の妃・穴門武姫命《あなとのたけひめのみこと》を祀る古社として知られてきた。拝殿は横に長い開放的な舞殿様式で、賽銭箱は投入口が拝殿の床面に直接切られた埋め込み式の古い形となっている。本殿は山の斜面に築かれた石垣の上に建ち、扉には「穴」の文字があしらわれ、木鼻などの彫り物も精緻だ。また社殿の東側には大きな磐座が祀られている。

境内の東端に設けられた遙拝所から東に山道を数分歩き、さらに山頂に向かってしばらく登ると右手に奥宮が見える。七つの巨岩を人工的に組み上げたような

高山山頂付近の穴門山神社を拝む赤鳥居は国道 486 号からよく見える。

本殿軒下に施された彫り物。扉には「穴」の文字が使われている。

磐座が祀られ、かつて社殿が建っていた跡や瓦も残る。斜面一帯には不思議な割れ方や重なり方をした巨岩が点在するが、本来はそれらが環状に配されていたのではないか。

この穴門山神社には、本書上巻で紹介した高梁市川上町高山市《こうやまいち》の穴門山神社と同じく、「赤浜宮」および「吉備名方浜宮《なかたのはま》」という二つの別称が伝わっている。加えてどちらも「高山」という場所にあり、何らかの関係があったと考えるのが自然だろう。ともに社歴等を焼失しているため詳細はわからないが、『延喜式神名帳』に記載された備中国下道《しもつみち》郡の式内社「穴門山神社」とは、果たしてどちらのことなのだろうか。明治8（1875）年に当時の小田県が川上町の方を式内社とする決定を下した際にも紆余曲折があったようだ。

古代には一帯に吉備の穴海が広がり、山麓に立つ鳥居が今も赤く塗られていることなど、真備の穴門山神社は「赤浜宮」「名方浜宮」という別称にふさわしい要素を備えている。江戸中期の延享2（1745）年に拝殿が増築された際には、かつての戦乱で失われていた神鏡が社地の一角から掘り出された。また大正4

（1915）年に赤鳥居の近くから銅鐸が出土したと言われ、式内社云々にかかわらずこの地の歴史の古さがうかがえる。

（2012年『オセラ』通巻59号初出）

境内から東の方向に少し離れて奥宮がある。巨岩の磐座は人工的に組まれたものだろうか。

39　天計《あまはかり》神社　岡山市北区中井町1丁目5

一般にはあまり知られていないが、岡山市の中心部には神宮寺山古墳という巨大な前方後円墳が存在している。場所は北区御野小学校の北東で、全長約150メートル、後円部の径は約70メートルだ。後円部の南側斜面は一部削られて民家が建ち、また前方部は墓地になっている。古墳の名称は付近にあった日蓮宗の神宮寺に由来するが、寺自体は寛文の寺社整理で廃寺となった。

神宮寺山古墳が造営されたのは3世紀後半から4世紀頃とされる。ただし後代の造山古墳や作山古墳のように山を削ったものではなく、大半が平地に土を盛って固め築いたものだ。当然ながら大王に匹敵する強大な権力者が埋葬されていたと考えられ、景行天皇の子である吉備兄彦皇子《きびのえひこのみこ》の墓とする説もあるが、推測の域を出ない。昭和34（1959）年には国の史跡に指定されたものの、残念なことに翌々年に後円部が一部盗掘の被害に遭った。その後に行われた学術調査では、刀剣類や農耕具、工具などが数多く出土している。

そしてこの古墳の後円部頂上に祀られているのが、今回取り上げる天計神社だ。天計とは全国的にも珍しい社名だが、実は県内の吉備中央町にもケケロウ祭りで知られる同名の神社がある。両社の間には何らかのつながりが推測されよう。神宮寺山の天計神社は古墳の東側が参道入り口で、西川用水沿いに立つ鳥居には「天計神社　八幡宮」という扁額が掛かっている。後円部の高さは13メートルで、参道の階段を上った境内に質素な拝殿と一間社流造りの本殿があり、拝殿北側には竪穴式小石室（副

参道入り口にある石鳥居と階段。脇には国指定史跡の標柱や古墳の説明板が立てられている。

室）の天井石の一部露出が見られる。

当社の祭神はともに木工の祖神とされる手置帆負命《たおきほおいのみこと》と彦狭知命《ひこさしりのみこと》の二柱だ。天照大神が天岩戸に隠れた時、この二神が天御量《あまつみはかり》に従って木材を伐り出し、瑞殿を建てたとされる。そのため天計神社を「秤の神様」として信仰する向きもあるが、天御量とは道具としての秤ではなく、天津神による評議を意味しているとの説もある。

創建時期は不明ながら、当社は『延喜式神名帳』に名前の見える備前国式内社に比定されている。何度か社地の移転があったようで、神宮寺山以前には幸田畑に鎮座していたというが、これは津島東にある幸田樋門のあたりだろうか。それを岡山城主となった小早川秀秋が神宮寺山に遷して八幡宮と号したとも、古くから当地にあった八幡宮と合祀されたとも伝えられる。

（２０１４年『オセラ』通巻68号初出）

旧社殿は昭和 20（1945）年に戦災で焼失した。平成８年（1996）再建された現在の本殿は木の瑞垣に囲まれた一間社流造りだ。

神社の拝殿北側に露出している竪穴式小石室の天井石。周囲では葺き石や埴輪の残片も確認されている。

40　天石門別保布羅神社《あめのいわとわけほふら》　倉敷市福田町広江726

倉敷市南部を走る県道62号の広江から、県道393号鷲羽山公園線（旧鷲羽山スカイライン）を上って行くと、左手に注連縄柱が見えてくる。これが天石門別保布羅神社への北参道入り口だ。入り口の脇には半ば雑木の繁みに隠れた磐座《いわくら》があり、山腹の本殿および山頂の磐座を拝む辺津宮《へつみや》と考えられる。神社や磐座は麓から山頂あるいは沿岸から沖へ向かって、辺津宮、中津宮、奥（沖）津宮という三社（座）で構成されていることが多い。

その辺津宮の前に立って振り返ると、北北東に種松山が見えるが、その山頂にも磐座が祀られている。一帯に吉備の穴海が広がっていた時代、これらの磐座は信仰の対象であると同時に大切な航路標識でもあった。辺津宮から少し登った右手に中津宮の磐座があり、こちらは男女の陰陽を模したものだろう。子授けの神あるいは子育ての神として信仰され、磐座信仰と関わりの深い弘法大師も祀られている。この中津宮の前に湧く水は冷たくて甘味があったが、現在は飲める状態ではなさそうだ。

　さらに参道を登ると右手からの西参道と合流し、「天形星」の扁額が掛かる二の鳥居をくぐって、玉乗り型の狛犬が守る境内へと至る。天石門別保布羅神社は、天照大神《あまてらすおおみかみ》が隠れた岩戸を開けた天手力男命《あめのたちからおのみこと》を祭神としている。社伝によれば、元は「広江の矢ノ鼻」に祀られていたが、建久もしくは建長年間（1190～1256）に当地へ遷され、その際に社号を天形星社と改めたという。

　天形星は疫病退治の神として崇敬を集めたが、明治3（1870）年に旧号の天石門別保布羅に復している。「保布羅」

子授けの霊験あらたかと伝えられる中津宮の磐座。

の意味や由来はよくわからないが、『岡山県児島郡誌』は当社を「天石門別保久羅神社」としている。「保久羅《ほくら》」は宝物を収める神の倉を意味し、『日本書紀』に出てくる「天《あめ》の神庫《ほくら》」のように「宝庫」「神庫」などと表記される。当地には元々熊野系の神倉《かんのくら》神社があったとされることを考え合わせれば、「保久羅」からの転訛説は一考に値する。『明治神社誌料府県郷社』も同説を採っている。

当社の本殿は檜皮葺きの一間社流造りで、北側面には神扉が設けられ、その方角に種松山がある。また拝殿前には釈塔《しゃくとう》様と呼ばれる平安時代の石造層塔が祀られている。本殿は昭和58（1983）年、釈塔様は昭和49（1974）年にそれぞれ倉敷市の重要文化財に指定された。また拝殿に向かって右手に湧く水は祭祀に使われている。かつては背後の山頂の磐座でも祭祀が行われていたが、現在の様子は不明だ。

（2013年『オセラ』通巻66号初出）

江戸中期の元禄 11（1698）年改築時の棟札が残る本殿。

拝殿の南側には祭祀に使う湧き水が祀られている。

41　今村宮　岡山市北区今4丁目3－5

岡山市中心部の野田西交差点から倉敷方面に通じる県道162号（旧国道2号）を西へ進むと、右に白い岡山ドームが見えてくる。県道の左側にはローソン岡山ドーム前店があり、その手前の水路沿いに大きな狛犬が一対で置かれている。安政6（1859）年に奉納されたものだが、車で忙しく行き交う人々の目には止まらないだろう。狛犬のうち口を開けた獅子の傍らには「重要文化財　今村宮　南へ八〇〇メートル」と刻まれた標柱が立ち、ここが今村宮への参道入り口であると告げている。以前はこの場所に一の鳥居も立っていたそうだ。

標柱の案内に従って竹通と呼ば

県道162号（旧国道2）沿いにある参道入り口の狛犬と標柱。

れる水路沿いの道路を南下すると、やがて右手に今村宮の社叢が現れる。かつては一面に田んぼが広がっていた地域だが、現在はすっかり市街地化している。境内の参道に入ると、二つの石鳥居を相次いでくぐる。サッカーコートほどの広い敷地の左右には神池が配され、正面の中門と随神門という二つの門を抜けて立派な拝殿の前に至る。

この拝殿は貞享《じょうきょう》3（1686）年に建立されたもので、扁額は「今村宮」となっている。また元和《な》9（1623）年に再建された本殿は、唐破風の向

今村宮の境内には石鳥居が二つ並んでいる。

拝を持つ檜皮葺きの三間社流造りで、昭和30（1955）年に県の重要文化財に指定された。本殿の内部には天人、獅子、貘などが描かれ、彩色が施されている。

当宮は正慶元［元弘2］（1332）年に八幡宮として創建された。そこへ天正8（1580）年に天照大神、八幡大神、春日大神の三柱を祀る「三社明神」が遷座合祀されて「三社八幡宮」となり、後に今村宮と改めている。三社明神の方は建武元（1334）年の創建と伝えられ、岡山市北区内山下の岡山県庁・県立図書館付近に鎮座していた。「三社宮」とも称され、長らく岡山中心部の産土神として人々の信仰を集めたが、宇喜多直家が岡山城の拡張整備を行うために当地へ遷したのだ。

その結果、今村宮の氏子域は鎮座地である今および下中野の一帯と、内山下や表町などの旧岡山城下という、遠く離れた二つの地域に広がっている。直家が当地を遷座先に選んだ理由はわからないが、方位的には岡山城の裏鬼門に位置しており、江戸時代には岡山藩主・池田家が当宮を守護社としていた。また今村宮は黒住教の教祖・黒住宗忠が青年期に神官を務めていたことでも知られ、宗忠神社では毎年4月に行われる御神幸の前日に神官らが当宮に参拝するしきたりだ。
（書き下ろし2023年8月取材）

拝殿の扁額。

本殿は唐破風を持つ三間社流造りで、左右に神扉がある。屋根の葺き替えは昭和52（1977）年に行われたのが最後だ。

42　大隅神社　津山市上之町78

大隅神社は、桜の名所として知られる鶴山城跡から宮川をはさんだ東側の丹後山南麓に位置している。一帯はかつての寺町や武家屋敷町で、現在は住宅街が広がっているが、大隅神社周辺の道路は昔のままで狭い。西から宮川沿いの入道坂を上っても、南の西新町や東の妙津寺側から向かっても、車のすれ違いには苦労する。

境内入口の石鳥居には木の扁額が掛けられ、その上に小さな屋根が設けられている。梁の高い神門は明治になって津山城内から移築したものだ。神門の内側は東に神輿庫と猿田彦神社、蛭子神社が並び、西には小学校から講堂を移築した参集殿の昭徳館がある。

さらに奥へ石段を上ると、社殿の周囲には北の丹後山から森が迫り、緑に包まれた静けさが心地よい。屋根付きの木の瑞垣に囲まれた本殿は貞享３（１６８６）年に再建されたもので、檜皮葺きの隅木入春日造りとなっている。この本殿と神

津山城から移築した神門は梁が高く立派な構えだ。

静かな境内で緑に囲まれた檜皮葺きの本殿。

門のほか、神輿や木造の獅子狛犬などが市の文化財となっており、境内自体も史跡として記念物に指定されている。また社殿の西側に設けられた小さな池には市杵嶋《いちきしま》神社が祀られている。

大隅神社は元々現在の場所から東へ約900メートル離れた野介代《のけだ》丘陵の麓に鎮座していたが、元和《な》6（1620）年に初代津山藩主・森忠政公が上之町に遷し、城東の守護とした。一方、元宮があった場所には後に古大隅神社が祀られて今に至る。

社伝によれば、大隅神社は当地を開拓した「豊手」という異人が出雲国から天日隅宮《あめのひすみのみや》（現在の出雲大社）を勧請したのが始まりとされる。祭神も大己貴命《おおなむちのみこと》（＝大国主命）と少彦名命《すくなひこなのみこと》という出雲系の二神だ。創建は備前から美作が分国された和銅以前と伝えられ、天武4（675）年とする説もある。この「豊手」の実像は詳細不明だが、神話的英雄譚に通じるものがあり、出雲経由でやって来た渡来系の氏族集団だったのではないか。

ところで大隅神社本殿の扉や瓦、拝殿向拝下の蟇股などに見られる社紋は、車輪から剣先が八本突き出したような形をしている。当社では「剣車」と呼んでいるらしく、古大隅神社の社紋も同じだ。これは古代インドの投擲武器に由来する「輪宝」で、仏教ではその破壊力が説法の浸透する様の象徴とされた。韋駄天像の背後にもしばしばこの輪宝が描かれ、密教や修験道の法具としても使われている。神社には珍しい紋だが、もしかすると鬼封じの意味があるのかも知れない。

（書き下ろし2023年10月取材）

元宮跡には古大隅神社が祀られている。輪宝の社紋は大隅神社と同じだ。

43　大津神社　真庭市余野下728

　米子自動車道を久世インターチェンジで降りて国道181号を西へ向かい、セブンイレブンの手前を右折して県道327号に入る。目木川と米子自動車道に沿って北上すると、県道82号にぶつかる。そこを右折してさらに目木川沿いを5キロほど遡った左手の山麓に大津神社の鳥居と石段が見えてくる。

　貞和5［正平4］（1349）年に信州水内《みのち》郡の戸隠《とがくし》神社を余野上字宮原に分祀勧請したのが当社の起源とされ、当初は大鶴神社と称していた。元禄11（1698）年に現在の場所に遷され、社名も大津神社と改めている。ただし宮原以前に神狩《こうがり》地内に祀られていたとする指摘もある。信州の本社・戸隠神社が拝む戸隠山は、天手力男命《あめのたぢからおのみこと》が引き開けた天の岩戸が落ちて山になったと伝えられる。大津神社の主祭神はその天手力男命だ。

　バス停前の鳥居をくぐって石段を上ると、両脇に巨大な狛犬が置かれているが、これはまだ新しい。境内右手には屋根付きの立派な土俵がある。そして参拝前に身を清める手水舎《ちょうずや》の下をのぞくと、重たい石鉢を背負っているのは4匹の亀の石像だ。左右に出入り口のある拝殿は、唐破風の向拝下に龍や鳳凰の彫り物が施されている。本殿は元禄11年建立と伝わる古いものだが、周囲にめぐらせた高欄が補修されているのは残念だ。建物が幕で囲われているため細部はよく見えないが、御扉の上に精緻な龍が彫られているほか、軒下には細工を施した手挟《たばさみ》や菊紋の意匠が見える。

当社は家業繁栄や諸芸能の上達、病気回復などに霊験あらたかな福運の神として信仰を集めてきた。雪深い山間部にありながら、岡山県北一帯はもとより遠く県外にまで崇拝者を持つ。大分市口戸《くちど》の大津神社は安政2（1855）年に当社から分霊を勧請して創建されている。また『美作國神社資料』には、文久3（1863）年に豊後臼杵《うすき》城主の稲葉家が当社の分霊を臼杵町の御霊神社に祀ったとある。特に学問の神様を祀っているわけではないが、入試の合格祈願に当社を訪れる参拝客も多く、拝殿には学業成就のお礼として奉納された幟《のぼり》が並んでいる。

当社では大晦日の深夜に「年こもり」と呼ばれる大祓の水垢離《みずこり》が行われ、神社

境内には屋根付きの立派な土俵が設けられている。

手水舎の下を見ると、石鉢が４匹の亀の背に乗っている。

の前を流れる目木川で宮司や氏子らが身を清めて元旦を迎える。春と秋の大祭には神輿が石段を下りてにぎやかに氏子域へと繰り出したそうだが、近年は氏子の減少で担ぎ手が足りず、神輿が出せないという。

（書き下ろし2023年8月取材）

本殿は唐破風の向拝を持つ一間社春日造り。御扉の上には龍が彫られている。

44　日佐《おさ》神社　瀬戸内市邑久町豊原2633

日佐神社は大雄山の北東山麓の谷間に鎮座している。岡山ブルーラインから瀬戸内インターチェンジを降りて県道231号を南へ向かい、千町川を渡って東に見える山裾を回り込むと円張《えんばり》集落に至る。神社の入口へは千町川の支流沿いを集落の南端までさかのぼるのだが、案内板などは見当たらない。往古の日佐神社は広い社地を持ち、今の集落もすべて境内だったそうだ。

地面に埋まった形の石橋を渡り、立鳥居の注連縄をくぐると、あたりの空気は一変する。社叢に囲まれた参道はきれいに掃き清められ、静けさの中に水の流れる音が聞こえてくる。神社をめぐっていると、各地で木が切り倒され、社叢のない丸裸の社殿をしばしば見かける。木が倒れて社殿などを壊す危険を避けるためだろうが、それは本末転倒という気がする。もちろん社殿も大切だが、本来は神の依代《よりしろ》としての神木や磐座、社叢を含む神域全体に意味があるのではないか。

それはさておき、当社の祭神は日佐神とされる。日佐《おさ》とは珍しい読み方だが、

「日《い》う」を「佐《たす》ける」の意だ。福岡市には日佐という地名があり、これは古代に漢や百済の訳語《おさ》（＝通訳）が住んでいたことに由来する。おそらく当社も、古代に通訳を職とした渡来系の一族が祖先を祀ったものと考えられる。当社から北へ10キロほど離れた岡山市東区瀬戸町大内にある柴狹《おさ》神社も同系統の神社だろうか。

せせらぎの音に誘われて川をのぞくと、石を並べ敷いた人工的な川床が見える。江戸時代に作られたものと推定され、渓谷の急流を緩やかにして川床の浸食を防ぎ、水音も心地よく響く。

神社のすぐ下を流れる川には、江戸時代のものと思われる人工的な川床が残る。

参道は社殿へ向かって直角に曲がり、階段の手前に小さめの鳥居があって、両脇に備前焼の狛犬が置かれている。当社では階段の両端に手すりがあって好感が持てる。経費節減のためか階段の真ん中に手すりを取り付けるケースが多いが、そこは神の通る道だ。

境内は崩れかけた瓦屋根の土塀に囲われ、拝殿はガラス格子の扉がすべて外せる舞殿様式になっている。一間社流造りの本殿屋根は薄い木板を用いた柿葺《こけら》きのままで、本殿の妻側の一番上には柿板を重ねた梅の神紋が浮かび出ている。背後に見える山の姿も美しい当社だが、社殿は全体に傷みがひどい。10年前に取材した際にも「早急な修復保存を」と呼びかけたが、なんの対策も取られないままでは劣化が進むばかりだ。

（2013年『オセラ』通巻63号初出）

境内へ上る階段と拝殿。手すりが階段の両端に付けられているのは、神の通り道を塞がないための配慮だ。

本殿の屋根は古い柿葺きが残されている。妻側には重ねた柿板による梅の紋が見える。

45 麻御山《おみやま》神社　岡山市東区邑久郷《おくのごう》2948

岡山市内から牛窓へ向かう県道28号は、宗教法人ほんぶしん本部前の神崎町交差点で北から東へ直角に曲がっている。麻御山神社へ行くには、その交差点の約300メートル東にある両備バスの吉塔《きっとう》停留所付近で細い道路へと左折し、北に向かう。そのまま道なりにゆるやかな坂を上っていくと左手に池が二つあり、橋を渡った突き当りの山裾に小さな石鳥居が見える。

鳥居をくぐって参道を進むとユーモラスな表情の狛犬に迎えられ、随神門へと続く。狛犬と随神門の間に置かれた手水鉢は、石の蓋がついているのが珍しい。参道は石段の途中で90度折れ曲がって北向きとなり、境内に至る。横長の拝殿は比較的最近建て直されており、木の格子戸は正面の真ん中部分だけで、その左右は窓ガラスをはめたサッシとなっている。

拝殿の唐破風向拝の懸魚《げぎょ》は「兎毛通《うのけどおし》」と呼ばれるが、当社の兎毛通には名前の通り兎が彫られている。また向拝下の蟇股は立体的な龍の姿で、向拝屋根の鬼瓦

随神門の手前には愛嬌のある狛犬と石の蓋がついた手水鉢が置かれている。

山裾の狭い境内に建つ拝殿は、横に長いのが特徴的だ。

には大きく「麻」の文字が見える。拝殿を回り込むと、すき間なくしっかり組まれた低い石垣の上に一間社流造りの本殿が建つ。大きく湾曲した海老虹梁が目をひく程度で飾り気はなく、屋根の一部が近年補修されたようだ。

社名の「麻」を「お」と読むのは難しいが、長野県の麻績《おみ》村や麻績神社などの例があり、『日本書紀』には伊勢麻績君《いせのおみのきみ》も登場する。細く裂いた麻《を》をより合わせて麻糸を作ることを「麻績《おみ》」と言い、もちろん当社の名も植物の麻《あさ》に由来している。

社記によれば、神武天皇が東征の途

唐破風の向拝屋根の瓦には「麻」の文字が見える。

次吉備の高島に滞在した際、天皇の斎服を調進するための麻が当地に植えられたという。一帯に海が広がっていた時代だとすれば、その麻は阿波（徳島）の忌部氏が船でもたらしたのだろう。これが吉備国で最初の麻の栽培とされ、阿波忌部氏の祖神・天日鷲命《あめのひわしのみこと》を奉斎したのが麻御山神社だという。ただし創建の時期は不明であり、また当社を国史見在社とするのは無理があろう。

阿波忌部氏は天皇が即位する大嘗祭に麻織物の麁服《あらたえ》を献上してきた一族だ。またその遠祖とされる天日鷲命は、『日本書紀』の天岩戸の一書に登場する天津神で、麻植神《おえのかみ》とも呼ばれて紡績や製紙業の神とされるほか、熊手の縁起物で知られるお酉様とも同一視されている。

（書き下ろし2023年10月取材）

46　鏡石神社《かがみいし》　備前市八木山757

鏡石神社は山陽自動車道の備前インターチェンジから北北西に直線で1キロ弱のところに位置している。国道2号から備前市の旧三石町八木山地区に入り、案内板の矢印に従って北上すると、炉材会社の倉庫や採石場を抜けたあたりで左に「備前十景　鏡石神社の暮雪」という白い木標が見える。そこから山へ入って右手に池を見ながらしばらく進むと、やがて大きな鳥居の前に出る。

鳥居は本柱の前後に稚児柱を配して連結した木製の両部鳥居だ。木の部分は新しく取り替えられているが、笠木や貫の両端、柱の根元などに被せてある銅板は、以前の鳥居から引き継いで使われている。また柱と笠木の間には、古い様式の特徴を示すリングが見える。鳥居の手前からは山中を抜けて特別史跡の旧閑谷《しずたに》学校へ通じる道があるが、倒木などでかなり荒れている様子だ。

鳥居をくぐって小さな石橋を渡る手前で、左手にもう一本閑谷学校へ通じる道が分かれている。境内を流れる御影堂《ごえいどう》川の東岸には、蝋石の岸壁がそびえ立つ。

岸壁下部の表面が滑らかで、物影や光をよく反射して映したため「鏡石」と呼ばれ、それが神社の名前の由来にもなっている。

社殿は御影堂川を渡った左手の谷間《たにあい》に建つ。境内の端には中江藤樹や熊沢蕃山の位牌を祀る神主《しんしゅ》堂があり、拝殿前には篝火を焚く大きな石の八角鉢が置かれている。当社の祭神・日乃星照命とは姫路藩主で備前池田藩の祖とも言うべき池田輝政公のことだ。そのため歴代池田藩主や重臣の崇敬が篤く、寄進された剣、弓、狛犬、絵馬などが宝物として残

八木山の山中に立つ木の両部鳥居。一番上の笠木と柱の間にリングがはめられており、古い様式の鳥居だ。

渓流沿いの岸壁の下部に、鏡石と呼ばれる岩が祀られている。おそらく西日を反射して輝いたのだろう。

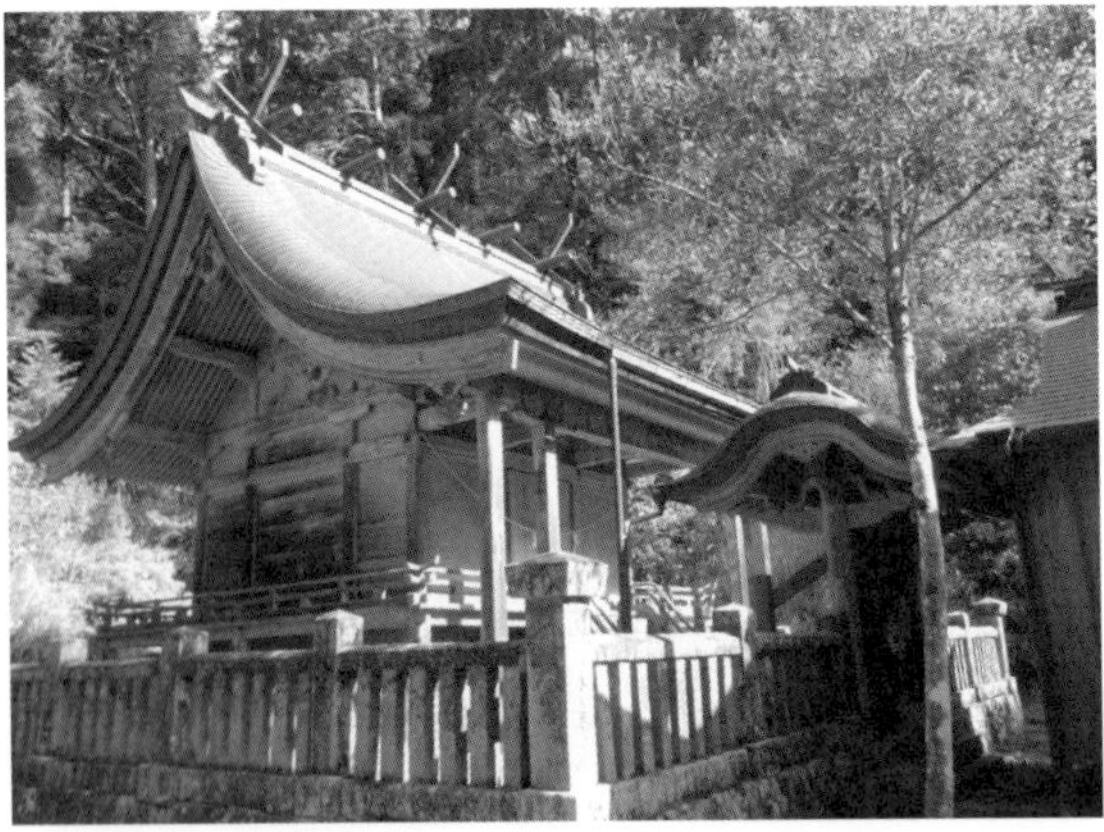

日乃星照命（池田輝政）を祀った本殿。かつて総朱塗りだったという。

る。ただし元々この場所に何が祀られていたのかは不明だ。

大きな本殿は総朱塗りの三間社流造りだが、湿気が多いためか傷みがひどく、また現在の屋根は銅板葺きとなっている。本殿裏に拝み石があるのは、こちらから拝む方が祭神に近いためだという。

かつては境内に巨木が立ち並んで鬱蒼とし、社地一面に苔が広がって神秘的な雰囲気を漂わせていた。「鏡石神社の暮雪」が備前十景に選ばれたのも、深い社叢が聖域にふさわしい風景だったからだ。その後、社殿を守るためか巨木は切り倒され、境内は明るく開けた場所となって大きな切株の跡だけが残っている。今では苔もほとんど見られない。また社殿西の御影堂川の上流には新しい砂防ダムが見えるが、禊ぎをするための平らな石は増水時に流れて崩れたまま所在がわからないという。

（書き下ろし2024年1月取材）

47　梶並神社　美作《みまさか》市梶並123

中国自動車道の美作インターチェンジ付近から、梶並川沿いの県道51号を北東に10キロほど走る。真加部の先で県道7号に入り、途中左手に久賀ダムを見ながらさらに川沿いをさかのぼると、やがて東谷川との分岐点に至る。その谷間《あい》から北側の小さな盆地にかけて広がっているのが、梶並地区（旧梶並村から勝田町を経て、現在は美作市北部域）の中心集落だ。梶並神社はその南端に位置している。

参道入口に立つ木製の赤い大鳥居には、花山《かざん》天皇（在位984~986）の揮毫と伝わる「武男山《たけおやま》」の扁額が掲げられ、唐破風の立派な屋根で護られている。変わった姿の玉乗り型狛犬の間を抜けると、参道は蹴上げ（段差）が低くて踏み面《づら》（奥行）の長い緩やかな石段だ。これは神馬が上り下りするためだろう。社叢にはカシ、スギ、ケヤキなどの古木が並び、荘厳な雰囲気が漂う。

梶並神社の主祭神は雨や水を司る高龗神《たかおかみのかみ》だ。社殿は南南西向きで、拝殿は嘉永4（1851）年、本殿は安政3年（1856）年に再建されている。拝殿は檜皮《ひわだ》葺きのままだが、本殿は平成19（2007）年の部分修理の際に銅板葺きとなった。三間社流造りの本殿は木鼻に精緻な彫りが施され、また基壇の四隅は石の角が上方に尖っている。

梶並神社は旧梶並村域から勝田郡奈義町の東部域にかけての氏神として信仰されてきた。神社の創建は7世紀初めとも伝えられ、古くは背後の山頂に社が祀られていたという。社伝によれば、かつて天野里と称した梶並一帯は、和銅6（713）年の美作分国後は香美郷《かがみのさと》と呼ばれ、当社の呼称も「天の神」から「香美神」へと変わった。

当社が山頂から現在の場所に遷されたの

唐破風の向拝を持つ梶並神社の拝殿。檜皮葺きの屋根は傷みがひどく、早急な修理が必要だ。

は天慶《ぎょう》3（940）年とされ、この時山城国（京都）の男山から石清水八幡宮を勧請し、合わせて背後の山も武男山と改めたという。ただしこれについては、天元2（979）年に宇佐八幡宮の分霊を祀り、平安末期になって石清水八幡宮を勧請したとする別伝もある。いずれにしても、当社の氏子域は中世に梶並庄と呼ばれ、16世紀初めまで石清水八幡宮の荘園だった。

毎年10月の第一土曜日に梶並神社で行われる当人《とうにん》（頭人）祭は、県の重要無形民俗文化財に指定されている。参道にしゃがんで土下座した参拝者の背中を「当人様」がまたぐという奇祭だ。当人様にまたいでもらうと、一年間は無病息災だという。

（2008年『オセラ』通巻37号初出）

本殿軒下の海老虹梁《こうりょう》や頭貫《かしらぬき》の木鼻などには精緻な彫り物が見える。

大きな亀腹の下に見える本殿の基壇は、四隅の石の角が上方に向かって尖っている。

48　形部《かたべ》神社・佐波良《さわら》神社　真庭市社《やしろ》1272

岡山県下の式内社の分布をみると、明らかに特別な場所がある。それは旧湯原町（現在は真庭市）の社地区だ。『延喜式神名帳』がまとめられた時代の行政区分では美作国大庭郡《おおばのこおり》に属しているが、美作国の式内10社（11座）のうち7社（8座）が大庭郡に偏り、しかもそのすべてが社地区に祀られているとされてきた。ただし、他の場所から遷されたにせよ、もともと社にあったにせよ、なぜ社地区に集中しているのかは謎のままだ。

社地区へは真庭市勝山から旭川沿いの国道313号を北上する。米子自動車道の湯原インターチェンジ入口の先で県道56号に入り、神戸《こうど》から社川沿いの谷を東へ遡る。その谷が奥まった集落のはずれに形部神社と佐波良神社が祀られている。一つの社殿に祀られた二つの神社がどちらも式内社とされるのだ。形部神社の祭神は神阿多都姫命《かむあたつひめのみこと》（＝木花之佐久夜比売命《このはなのさくやひめのみこと》）、佐波良神社の祭神は佐波良命ほか和気氏の先祖たちだという。この形部神社・佐波良神社は、社地区に集まっている式内社の中では谷の一番上に鎮座し、最も大きな社殿を持つ。かつては「大社《おおやしろ》」とも称され、一般に「県社」と呼ばれる。

社殿は飾りの少ない質素なもので、近年再建された拝殿はガラス格子のある板壁造りとなっており、唐破風の向拝に太い注連縄が掛けられている。また本殿は海老虹梁を持つ一間社流造りで、高い板塀の瑞垣に囲われている。すぐ南の集落には一の鳥居が立っており、そこから古い参道が田んぼの間に続いている。

本殿裏には古代祭祀の遺構らしき石組が見られる。また案内板に従ってしばら

形部神社と佐波良神社の拝殿。格子窓のある板壁に囲われている。

く歩くと、八畳岩と呼ばれる花崗岩の巨石があるが、これは磐座ではなさそうだ。その横には、かなり削られてはいるものの円墳らしき形状が確認できる。さらに八畳岩から少し西に離れた小丘を猿田彦命の御陵だと言う人もいるが、それは近くに猿田彦命の小祠があったためだろう。

ところで当社の境内には、高さ1・2メートルで測った目通りの幹周9・1メートル、樹高43メートルという佐波良の大杉がそびえている。この大杉は真庭市の天然記念物に指定されており、推定樹齢は900年を超える。平成14（2002）年には当社境内でNHKの大河ドラマ『武蔵 MUSASHI』（2003）のロケが行われ、武蔵役の市川新之助（後の海老蔵、團十郎）が佐波良の大杉に吊り下げられる場面が撮影された。

（書き下ろし2023年8月取材）

左が八畳岩で右は削られた円墳だろうか。未だ調査が行われていないようだ。

真庭市天然記念物の大杉。この杉を使って大河ドラマ『武蔵MUSASHI』のロケが行われた。

49　木野山《きのやま》神社　高梁市津川町今津1211

木野山神社はJR伯備線の木野山駅から東へ400メートルほど歩いた山麓に位置する。伊予国大三島の大山祇《おおやまづみ》神社を勧請し、天暦《てんりゃく》9（955）年に創建されたと伝えられる。祭神は大山津見命、豊玉彦命、大己貴命《おおなむちのみこと》（＝大国主命）の3柱だ。元は背後にある標高518メートルの木野山山頂に鎮座し、備中松山城の北の鎮守である八幡神社の境内に遙拝所が設けられていた。現在はその遙拝所に里宮が建てられ、祭事はすべて里宮で行われている。

里宮の境内へ向かう石段の途中に随神門

JR伯備線の木野山駅近くにある里宮の拝殿には塩が奉納されている。

があり、中を覗くと左右で一対となる木彫りの狼像が見える。木野山神社は古くから医薬治療に神徳の高い「狼の木野山様」として知られ、その分霊が県内各地に勧請されてきた。絵馬や守護札には一対の狼が描かれ、参拝の際に塩を奉納する風習は、本書上巻で取り上げた津山市（旧久米町）の「狼様」こと貴布禰神社と同じだ。

一対の狼が描かれた「家内安全諸災消除」の守護札。

大山祇神社を勧請した日が16日だったことから、年に三度ある当社の大祭はそれぞれ4月、7月、12月の16日を最終日としており、その日に春季大祭では餅まきが、また夏季大祭では福杓子まきが行われる。杓子は「福をすくう」とか「憑き物などを召し捕る」といった意味があるらしい。

里宮から木野山山頂にある奥宮までは、山道を登って1時間半ほどかかる。車なら有漢川沿いの国道313号を大きく東へ迂回し、阿守橋を渡って裏から登るコースがある。ただし道路はかなり狭く、途中がやや荒れている。宮司によれば、昭和30年代頃までは祭りなどの行事も奥宮で行われていたそうだ。氏子たちは重箱に料理を詰めて奥宮に登り、境内では相撲が行われ、露店なども出てにぎやかだったという。

山頂手前に建つ奥宮の鳥居は苔むして緑色に染まり、その先の石段は崩れかかっている。境内入口では狛犬と並んで小さな一対の「狼」に迎えられ、拝殿前に塩を奉納するための甕が置かれている。筆者が十数年前に訪れた時は、この甕には塩が山盛りになっていた。山頂にはかつて山岳仏教の寺院があり、僧房では数十人が暮らしたという。広い敷地跡からは大きな建物が複数あったことが推測される。ここで注目したいのは、山頂近くに2ヶ所ほど湧水があることだ。木野山が聖地として繁栄する上で、この湧水は大きな役割を果たしていたに違いない。

（2008年『オセラ』通巻33号初出）

奥宮の鳥居。その先に崩れかかった石段があり、境内へと続いている。

奥宮本殿。「木」をデザインした社紋は里宮と同じだ。

50　國司《くにし》神社（本庄）　総社市新本1975

総社市中心部から高梁川に架かる総社大橋を渡り、県道80号を西へ5キロほど走ると、総社市新本地区に至る。ここは江戸時代初期に入会権をめぐって村民と岡田藩が対立し、義民騒動が起こったところだ。新本という地名は、新本川南の本庄と北の新庄を併せたことに由来し、両地区にそれぞれ「國司神社」が祀られている。「クニシンサマ」と呼ばれてきた國司神社は、大国主命を主祭神とする出雲系の神社で、岡山県下では新見市など北西部を中心に同名の神社が少なくとも十数社ある。

本庄の國司神社は、県道80号の消防団機庫を過ぎて南へ新本川を渡り、そのまま500メートルほど南下した山裾に見える。当社の創建年代は不明だが、安土桃山時代の天正年間（1573〜1592）とする資料がある。古くて小さな鳥居をくぐると、境内の右手奥に瓦葺きの拝殿が東向きに建っている。参拝者は拝殿屋根の鬼瓦や、向拝下に施された龍と鳳凰の立体的な彫り物に目を奪われるだろう。決して大きな社殿ではないが、存在感のある佇まいだ。拝殿のすぐ北側に稲荷社があって、社裏には穴が二つ開いている。國司神社の遺わしめとされる白狐が出る穴と入る穴だが、この白狐には呪いの願掛け伝承がある。

幣殿と本殿はブロック塀で囲われているが、以前は土塀の瑞垣だったそうだ。また周りに広がる社叢もかつては古い松林だったと聞く。近くには複数の円墳が点在し、弥生時代の土器などが出土した一倉遺跡もある。現在の本殿は赤いトタン葺きの

本庄の國司神社拝殿。古びているが風格のある瓦葺きで、屋根には五七の桐紋と十六菊紋が掲げられている。

一間社流造りで、屋根の下には大八車を引く戯画風の彫り物が見える。

境内の東に隣接して神田があり、大国主命が新本を平定した際に伝えたという赤米が栽培されている。赤米自体は全国各地に見られるが、その神事が受け継がれてきたのは当地の二つの國司神社以外では、対馬の多久頭魂《たくずたま》神社と種子島の宝満《ほうまん》神社の2社しか知られていない。

本庄の國司神社の主な例祭は旧暦1月6日の正月祭と旧暦11月15日の霜月祭で、神田で収穫した赤米など種々の料理を奉納して収穫に感謝するとともに、参拝者にも赤米の甘酒や赤米の飯がふるまわれる。また霜月祭では、拝殿に向かって左手前にある祈祷所で「湯立て神事」が行われ、一年の豊凶を占う。当社の「赤米の神饌」は、昭和60（1985）年に新庄の國司神社の神事と併せて県の重要無形民俗文化財に指定された。

（2014年『オセラ』通巻72号初出）

境内の東にある神田。毎年地元の小学生が参加して田植えや収穫が行われている。種籾は門外不出。

拝殿の手前にある御湯立祈祷所の石組み。霜月祭にはここで「湯立て神事」を行なう。

51　國司《くにし》神社（新庄）　総社市新本5141

総社市新本の義民碑から県道80号を西へ1・5キロほど走ると、右手前方に小丘が見えてくる。地元では玉置山と呼ばれており、標高は70メートルほどだ。新庄の國司神社はその頂上に鎮座している。玉置山東麓の参道入口に立つ鳥居には「慶応三年丁卯《ひのとう》三月」と刻まれているが、貫（上から二段目の横柱）の部分が新しい石材に取り替えられている。鳥居の前にはもっこりした型の狛犬が置かれ、鳥居をくぐった右手に宝珠型の手水鉢がある。境内へはその先から急

正面参道に置かれた狛犬は、どことなくユーモラスな体型をしている。

な石段を一気に上る。

大国主命と少彦名命を祀る当社の創建は永禄2（1559）年とも伝えられ、社殿は本庄の國司神社と同じく東向きだ。こちらも拝殿向拝下に施された鳳凰と龍の彫り物が目をひく。拝殿は壁板も格子もない開放的な造りで、釣殿は床下の高い渡り廊下式となっている。本殿を囲う土壁の瑞垣は新たに白く塗りなおされて瓦も新しいが、塀の南側部分には以前と同じく立派な門がある。

新本地区では野生種の特徴を残す「赤米」が栽培され、全国的にも珍しい赤米の神事が伝えられているが、当地の種籾のルーツは中国の揚子江流域で、種子島を経由したものだという。新庄の國司神社では旧暦11月15日の霜月祭に「赤米の神饌」が行われてきた。その際には「駆けり餅」という神事もある。

これは二人の氏子がフクラシの木の棒にくくりつけた直径30センチほどの大きな紅白の鏡餅を担ぎ、境内から階段を駆け下るというものだ。二人は神社から北北東250メートルほどのところにある「姥御前《うばごぜん》」にこれを供え、餅だけ持ち帰る。元々この「駆けり餅」は、翌年の祭り当番の正副を決めるための競争だったそうだ。そして珍しいことに、この例祭では宵祭りを行わない。宵祭りに大きな黒牛が現れて参拝を阻んだり、参拝者が姿を消したりしたためと伝えられている。

「姥御前」は古代から祭祀が行われていた神田跡と考えられるが、現在では新庄の赤米栽培は氏子集落による持ち回りとなっている。ところで当社境内には、歌手の相川七瀬が奉納した12社の小さな瓦の祠がある。これは彼女が赤米神事を受け継いできた対馬、種子島、総社を結ぶ赤米大使として活動し、総社で赤米の田植えや稲刈りに参加してきた縁によるものだ。

（2014年『オセラ』通巻72号初出）

本殿は土壁の瑞垣に囲われ、南側に門が設けられている。

神社から 250 mほど離れたところにある姥御前は、古代から祭祀が行われてきた神田跡だろう。

52　窪《くぼ》八幡宮　岡山市東区久保618

窪八幡宮は吉井川下流の西岸に広がる丘陵地の南東側に鎮座している。会陽（裸祭り）で有名な西大寺観音院のほぼ鬼門にあたる方角で、かつては寺社両参りが行われていたそうだ。県道224号から雄川橋西詰の一つ西の交差点を、「窪八幡宮」の案内板に従って北に入る。JR赤穂線の高架橋をくぐるとすぐ左手に大きな狛犬が見え、向かいには御旅所がある。中世の久保一帯は金岡東荘の一部で、かつては対岸の邑久福山との間を結ぶ吉井川の渡し場もあった。

当社地には古くから氏神として若宮が祀られていたが、貞観《じょうがん》元（859）年に領主・藤井左馬之進弘清が八幡の総本山である豊前国宇佐八幡宮から分霊を勧請させたという。若宮の方は現在も若宮八幡宮として境内に祀られ、また窪八幡拝殿の右手には稲荷神社があって磐座が祀られている。もしかするとこの磐座が当社の起源なのかも知れない。

社頭の鳥居からゆるやかな石段を上り、天井に絵や家紋が描かれた随神門をくぐると、さらに短い石段と鳥居がある。社殿は大きく立派な造りで、幣殿と本殿の間は石の渡り橋でつながれている。本殿は三間社流造りで正面に千鳥破風と控えめな唐破風を持ち、軒下には十二支の動物が立体的な彫り物で配されている。

また海老虹梁下の頭貫《かしらぬき》の木鼻（柱から左右に飛び出した部分）に彫られているのは、まるで龍のように疾走する龍馬《りゅうめ》だ。こうした木鼻の神獣は両足をそろえた形が一般的だが、この龍馬は左右の足の位置をずらした細かな仕事となっている。

主祭神の誉田別命《ほんだわけのみこと》（＝応神天皇）とその母・神功皇后、相殿の姫大神《ひめおおかみ》という三柱は、勧請した宇佐八幡宮や山城国の石清水八幡宮と同じだ。姫大神の「姫」は「比咩」とも表記し、地神のことだとする説もあるが、八幡大神としては一般に多岐津姫命《たぎつひめのみこと》・市杵嶋姫命《いちきしまひめのみこと》・多紀理姫命《たぎりひめのみこと》という宗像三女神を指している。この三女神は海や航海の神であり、渡し場のあった久保地区にふさわしい祭神だ。

本殿や稲荷神社の背後には、境内を囲む土塀の一部が残っている。境内北側の急な崖の前に出雲大社の遥拝所があり、崖下には龍神伝説の池が見える。また本殿西側の礎石と鳥居は合祀社の跡だ。江戸前期の寛文年間、岡山藩主・池田光政公が大規模な神社整理を行った際に、一帯の75社がここに合祀されて寄宮が建てられたという。

（書き下ろし2023年8月取材）

本殿の木鼻には龍馬の姿が彫られている。

本殿は銅板葺きの大きな三間社流造りで、正面に千鳥破風と小さな唐破風を持つ。

境内の東端に古くから祀られている稲荷神社の磐座。

本殿と幣殿の間には石橋が渡されている。

53　熊野神社　真庭市上河内《かみごうち》3451（旧落合町）

津山市の院庄交差点から国道181号（出雲街道）を久世方面へ向かうと、JR姫新線が平行して走っている。その姫新線が美作追分駅の手前で南へ離れ始めてから1キロ半ほどで、出雲街道は真庭市上河内地区の中心部に入る。河内郵便局の手前を右折して北に上り、王子池の西縁《べり》をくねくねと進むと、やがて左手に圓融寺があり、すぐ先に熊野神社の五本杉が見えてくる。

紀州の熊野三山を勧請した神社の数は全国で3000社とも言われ、岡山県神社庁の管轄下に限っても40社前後を数える。真庭市東端の河内《ごうち》郷へは天徳5（961）年に那智宮、永観年間（983～985）に新宮と本宮が分祀され、三社を合わせて郷の総鎮守とした。そのうちの本宮が今回取り上げる熊野神社で、かつては王子権現、上河内神社などとも称した。

境内の南側に並ぶ杉の巨木は真庭市の天然記念物だ。最大のものは樹高が約45メートルで推定樹齢は700～800年だが、苔の生えた太い幹の下部は空洞化している。狛犬は尻上がりの出雲型で、社殿は石垣を高く組んだ上に真南を向いて建つ。174年前の嘉永3（1850）年に再建された本殿は、透き塀の瑞垣に囲まれた隅木入春日造りの三間社で、現在の屋根は檜皮葺きだ。

再建は上河内村の竜［立］田流棟梁が手がけたもので、左右壁面上部には蟹や蛸など、縁下には十二支が、それぞれ物語性豊かに彫られている。海老虹梁の大きな湾曲やわずかに色が残る木鼻、手挟みの鳳凰なども目をひくが、向拝部分が窮屈な造りになっているのは、明治になって拝殿との間に幣殿を増築したためらしい。宝物として室町期以前のものと伝わる県指定重要文化財の木造獅子頭があり、毎年10月15日の例大祭には東谷地区の氏子による獅子練りが奉納される。

祭神は伊弉諾命《いざなぎのみこと》と伊弉冉命《いざなみのみこと》で、速玉男命《はやたまのおのみこと》、事解男命《ことさかのおのみこと》が配祀されている。社紋は熊野三山の八咫烏《やたがらす》ではなく、津山藩主森家の鶴丸紋だ。これは当社の別当寺だった圓融寺の寺紋とも共通する。神仏混淆《こんこう》の時代は1キロ四方近い社地があったが、明治の神仏分離でその多くは寺院側の所有となったそうだ。またかつては出雲街道沿いの宿地区に華表《かひょう》と呼ばれる石柱が立っていた。宮司によれば、参道はそこから当社までまっすぐ伸び、祭礼の時には参道沿いに日御綱《ひのみつな》が張られたという。ところが江戸時代に王子池が造成されたため、当時の参道は大半が水没している。

（書き下ろし2023年10月取材）

境内に祀られた齋《いつき》神社。ミサキ信仰の一種であるオイツキ様の神事が伝えられ、ヤティ様を遣わしめ（＝神使）とする。

正面の鳥居。境内に見える杉の古木は真庭市の天然記念物だ。

174 年前に再建された隅木入春日造りの本殿。

54　厨《くりや》神社　久米郡久米南町上弓削224

岡山市内から国道53号を北上し、久米南町文化センター北の厨橋交差点を左折して県道373号に入る。そこからすぐにJR津山線の踏切を渡るのだが、その踏切には「鳥居場」という呼称が残されている。かつてはこの付近に一の鳥居があったからだ。踏切の先を右に入り、古い防火水槽の手前を左折する。そのまま細い道を上って行くと、やがて右手に厨神社が見えてくる。境内前の注連縄柱から振り返ると、田んぼの間に見える表参道の石段が、一筋下を走る南側の道路脇の鳥居まで続いている。

拝殿の向拝下に掲げられた「荘内大社厨神社」という神額は、当社が旧弓削《ゆげ》庄の有力な神社だったことを示している。美作国分立の和銅6（713）年に、下神目《こうめ》村（現在は岡山市）の志呂神社、福渡村（現在は岡山市）の八幡神社とともに弓削庄三社として勧請されたと伝えられ、弓削一宮の志呂神社に次ぐ二宮として地域の崇敬を集めてきた古社だ。当初は山麓の谷間《あい》、宮地奥川にかかる宮池尻橋の近くに祀られていたが、洪水の危険があったため、延宝5（1677）年9月に津山藩主の命で現在の高台に遷されている。

中山造りの本殿は基礎の部分がコンクリートで高く固められ、石の瑞垣をめぐらせてある。屋根は銅板葺き、千木は先端が垂直に尖った外削ぎで鰹木は2本だ。向拝軒下の手挟《たばさみ》両面には牡丹や菊の彫り物が施されている。ただし建て直された幣殿が本殿の向拝下までもぐりこみ、海老虹梁の先の獅子鼻に接して窮屈な形になっている。

弓削庄三社はいずれも肩野物部《かたのものべ》乙麻呂《おとまろ》（あるいはその一族）が創建したと伝えられる。苫田郡田辺郷（現在の津山市北部）の豪族だった乙麻呂は、とある老人との土地を賭けた博奕に敗けた。ところがその相手が忽然と姿を消したため、美作一宮・中山神社の神と知って畏れ、土地財産を同社に寄進して弓削庄に移り住んだという。

厨神社の主祭神は食物の起源にまつわる宇気母智神《うけもちのかみ》（＝保食神）で、当社は五穀豊穣や料理・調理などの神として信仰を集めてきた。かつては正月に弓削七ヶ村の氏子が大菅山で鹿を二頭獲って中山神社に献上していたという。こうした伝承から、当社は中山神社の食事を司る御饌都神《みけつかみ》であったと考えられ、「厨」という一風変わった名前もこれに由来しているのだろう。

（書き下ろし2023年7月取材）

南から鳥居をくぐって境内へ向かう正面参道の石段。

山麓の谷が東に向かって開ける宮地奥川沿いに、元宮跡を示す石碑が立っている。

中山造りの風格ある本殿だが、幣殿が接近し過ぎて窮屈な印象だ。

55 金光殿　久米郡美咲町定宗（旧柵原《やなはら》町）

金光殿は久米郡の美咲町と久米南町、そして赤磐市という一市二町の境界付近に位置する金刀比羅山の山頂近くに祀られている。神社庁のデータには記載のない神社だ。地元の町誌や郡史などにも詳しい記述はほとんど見当たらず、創建の時期や経緯もはっきりしない。場所は国指定重要文化財の本堂や三重の塔で知られる古刹・天台宗本山寺から、直線で南東に約800メートルのあたりだ。

国道53号から旧弓削高校すぐ南の上弓削交差点を東へ入るか、あるいは逆に吉井川の勝久橋《しょうきゅう》西詰を西に向かい、県道52号から途中で本山寺への案内板に従って南下する。現在の本山寺は寺域の北側に広い駐車場があるが、本来の正面入口は寺域の南側にある山門だ。その山門を背に道路をはさんだ向かい側から、標高479メートルの金刀比羅山へと尾根道を登る。金光殿まで1時間ほどのルートだ。

尾根道を進み始めて間もなく、左に六体の阿弥陀石仏が並ぶ。登山道の両側には小さな仏塔や墓石、宝篋印塔《ほうきょういんとう》などがいくつも置かれているが、その多くは倒れて破損している。右の五本地蔵山からの合流点をさらに左に登ると、野面《のづら》積みの石垣や小さな池を堰き止めた堤、旧柵原町の文化財に指定された宝篋印塔、磐座などが続き、やがて赤いトタン屋根の蔵王堂が見えてくる。

この蔵王堂は役行者《えんのぎょうじゃ》が吉野山中で感得したとされる蔵王権現を祀っており、賽銭箱には「本山寺奥之院」と記されている。そして蔵王堂から一段登ったところに、高い床と傾斜の急な屋根を持つ金光殿が南南西を向いて建っている。神仏混淆《こんこう》の時代に、金刀比羅信仰の総本山である真言宗象頭山松尾寺の金光院から分霊を祀ったものだろう。社殿は唐破風向拝を持つ二間社春日造りの本殿のみで、拝殿などは見あたらない。現在の屋根は銅板葺きだが、床下には古い屋根瓦が積んである。

この金刀比羅山頂付近は本山寺が創建された場所と伝えられている。金光殿と本山寺の関りについては詳細不明だが、金光殿の奥に建つ御堂は本山寺の方を向いており、その前には小さな環状列石が確認できる。一帯の敷地跡や石垣跡は山岳仏教が盛んだった平安時代の名残だろう。当山の文化財はいずれも旧柵原町時代の標柱のままになっているが、風格ある金光殿が崩れ落ちる前に修復保存に取り組む必要があるだろう。

（書き下ろし２０２３年７月取材）

かなり傷んではいるものの、山中深くにあって風格を感じさせる金光殿。屋根には千木も鰹木もなく、唐破風向拝の正面鬼瓦に「㊎」の紋が見える。

山岳仏教が盛んだった時代のものと思われる古い野面積みの石垣跡。

役行者が感得したという蔵王権現を祀る蔵王堂。「本山寺奥之院」と記されている。

56　提婆宮《だいば》（円城寺）　加賀郡吉備中央町円城742

国道429号から「道の駅かもがわ円城」北の交差点を西に約800メートル入ると、奈良時代の715年に行基が開いたという天台宗円城寺がある。同寺を中心とする吉備中央町円城地区は、標高350メートルほどの高台に位置している。古い門前町の佇まいを残す一帯として、昭和55（1980）年に岡山県のふるさと村に指定された。

創建当時の円城寺は4キロほど東北東の本宮山山頂にあったが、鎌倉中期の弘安6（1283）年に現在の場所へ移転再建されたという。かつては10余の塔頭《たっちゅう》と6つの末寺を抱える大寺院として知られ、その繁栄を支えた井戸が寺の近くに残っている。

古色を帯びた円城寺の楼門に立つ阿形・吽形の金剛力士像は朱塗りで、本堂の天井には草花や動物の彩色画が描かれている。そして境内の南端には石の鳥居が立ち、その正面奥の一段高くなった場所に祀られているのが寺の鎮守・提婆宮だ。

円城寺の山門は２階建ての楼門で、左右に朱塗りの金剛力士像が置かれている。

境内の南端に石の鳥居が立ち、その正面奥に社殿が見える。

ご神体として弁才天女像が納められているそうだが、当社は提婆天として広く信仰を集めてきた。「提婆」とは梵語（サンスクリット）で「天」を意味する。

拝殿にあたる護摩堂の茶色い屋根瓦を見上げると、向拝の端に狐像が置かれ、また本殿裏には白狐の焼き物が多数納められている。これは白狐が提婆天の遣わしめ（＝神使）とされるからだ。

この提婆宮は「加茂の提婆は人をとる」と伝えられ、明治の頃までは参拝者に呪いの札を授けていたと聞く。その札を持って丑の刻にお参りし、本殿裏の拝所で2本のロウソクに火をつけて鉢巻きに差す。そして本殿裏のヒノキに呪いの釘を打つと、提婆の狐が相手に取り憑いて殺してくれるというのだ。

この言い伝えは、当社の提婆天もしくは弁才天が、白狐にまたがる荼吉尼天女《だきに》と同一視されたためではなかろうか。半年前に人の死を知り、死者の肝を食べるという荼吉尼天は、岡山市の最上稲荷（妙教寺）や愛知の豊川稲荷（妙嚴寺）などにも祀られ、本来はまったく別系統の信仰である稲荷信仰と混交してきた。

提婆宮の本殿は一間社流造りと決して大きくはないが、その様式と装飾彫りの華麗さは一見の価値がある。床下や軒下は斗栱《ときょう》による出組を何段も重ね、正面軒下や横木を支える蟇股《かえるまた》、手挟《たばさみ》には龍などの見事な彫り物が施されている。この本殿は円城寺本堂と同じ弘化3（1846）年の再建とされ、江戸時代末期の高い技術が見られる貴重な神社建築だ。文化財としての適切な保存が望まれる。

（書き下ろし2023年3月取材）

江戸末期の神社建築の技術を伝える提婆宮の本殿。床下と軒下の枡組や彫り物の華麗さが目をひく。

57　多賀神社　赤磐市多賀2757（旧赤坂町）

俗謡に「お伊勢参らばお多賀へ参れ　お伊勢お多賀の子でござる」という一節がある。これは三重県の伊勢神宮と滋賀県の多賀大社への両詣でを促すものだ。天照大神を祀る伊勢神宮に対して、その両親である伊弉諾命《いざなぎのみこと》と伊弉冉命《いざなみのみこと》を祀るのが多賀大社だからだ。けれども伊勢神宮の元宮が吉備国を含む西日本各地に伝わっているのと同じく、多賀大社も元の鎮座地については議論の余地があるのではなかろうか。

それはさておき、多賀と名の付く神社は岡山県内にも複数ある。その中で特に注目したいのが、赤磐市の多賀地区と西軽部地区の境界付近に祀られている多賀神社だ。県道27号岡山吉井線を多賀下のバス停で西に入り、砂川に架かる多賀橋を渡ってすぐ南下する。なだらかな丘を上がってゆくと丘頂には気持ちの良い空間が広がっている。以前は大きな向拝を持つ舞殿様式の拝殿と幣殿があったが、2021年に真新しい集会所のような拝殿に生まれ変わった。

一間社流造りの本殿の方は明治5（1872）年に改築されたままの姿で、二段に組まれた高い石垣の上に建っている。当社は文政後期から天保初めの頃（1830前後）、西北すぐのところに位置する八幡宮の末社を遷したものと伝えられるが、それ以前のことはよくわかっていない。

実は当社の本殿は古墳の上に位置しており、両刃の剣が出土したが後に埋め戻されたそうだ。一帯を支配した首長クラスが埋葬されていた可能性が高い。境内の南西端にも箱式石棺が複数確認されるなど、多賀神社が鎮座する丘は古代からの聖地であったと考えられる。また神社の北西側から石段の崩れかけた参道を上って行くと、鳥居の手前に5世紀頃のものと推定される箱式石棺が露出しているが、こちらは八幡宮から出土したものだという説がある。

多賀神社から北方向へ約13キロの地点には、素戔嗚命《すさのおのみこと》が八岐大蛇《やまたのおろち》退治に使った十握《とつか》の剣を洗ったと伝わる血洗の滝があり、血洗滝神社が祀られている。また当社から北西約5キロ先に鎮座するのが、その十握の剣を祀っていたという石上布都魂《いそのかみふつみたま》神社だ。同社の現在の祭神は素戔嗚命だが、伊弉諾命・伊弉冉命は天照大神だけでなく素戔嗚命の両親でもある。また両社を結ぶ線をさらに北西へたどると、事代主命を祀る出雲系の志呂神社に至る。多賀神社と古墳、石棺、剣、素戔嗚伝説などの組み合わせは、当地と出雲のつながりを含む古代史の一端を示唆しているのかも知れない。

（2016年『オセラ』通巻80号初出）

建て替えられた真新しい拝殿。向拝の下には以前の拝殿の木鼻が置かれている。

二段に高く組まれた石垣の上に建つ銅板葺き一間社流造りの本殿。

境内の北側に見える箱式石棺。長さが約 1.8ｍ、幅は約 50㎝あり、５世紀頃のものと推定される。

58　竪巌《たていわ》神社（恩徳寺）　岡山市中区沢田613

百間川にかかる沢田橋を南へ渡ると、特産の富有柿で知られる沢田地区が広がっている。その沢田の西端に建つのが高野山真言宗の恩徳寺だ。当寺は神仏混淆《こんこう》と呼ばれる信仰形態をよく伝えており、参道入り口には聖域との境を示す小さな石橋と鳥居があって、「竪巌尊」という神額が掛かっている。その先に寺の楼門があり、それをくぐって石段を上ると境内前には狛犬が置かれている。

恩徳寺の創建は天平勝宝２（７５０）年とされ、中国四十九薬師霊場および備前八薬師霊場の第８番札所だ。本尊の薬師如来像は行基上人が自ら彫ったと伝わる秘仏で、70年に一度開帳される。また毎年2月1日には大護摩《おおごま》法会と火渡り祈願祭が行われ、大勢の参拝者でにぎわう。かつては広大な山内にいくつかの院坊があったが、廃寺や焼失などで次第に数が減り、現在は明治初期に再建された西方院を残すのみだ。一帯の操山《みさおやま》丘陵には数多くの古墳や磐座《いわくら》があり、山麓には寺社も点在する。沢田周辺は備前を代表する聖地の一つと言えるだろう。

恩徳寺本堂の天井には2メートル四方の大きな方位盤があり、薬師如来にちなんだ薬草を含む動植物などの彩色画が升目ごとに描かれている。そして本堂の背面には神仏の出入り口が設けられ、そこから急な石段を上った見晴らしの良い高台に建つのが、「備前最上稲荷」という別称を持つ竪巖神社だ。当社は元禄元（1688）年、現在の場所から北西400メートルほどの山裾に創建され、明治元（1868）年の神仏判然令の後ここへ遷されたという。

恩徳寺はもともと白狐にまたがる

恩徳寺本堂の天井には方位盤があり、升目には薬草や動物などの彩色画が描かれている。

茶吉尼天《だきに》（本書86ページ「提婆宮」の項参照）を祀っており、本堂軒下の手挟《たばさみ》や本尊前にも狐の姿が見える。その一方で稲荷信仰の総本山・伏見稲荷から正式に分祀を受けており、文書のやり取りに使われた十六菊紋の通い箱も保存されている。そもそも真言宗は開祖の弘法大師以来、稲荷神や磐座信仰とつながりが深い。竪巖神社は寺の本堂と同じく太陽が昇る東向きで、その方向に位置する円山《まる》（石鉄山《いしぐろやま》あるいは高倉山とも呼ぶ）の山頂付近では古代の祭祀が行われていたと考えられる。

ところで竪巖神社の元宮は、藩主池田光政公の時代に廃されたという古立石《ふるたていし》神社の跡地だ。鳥居の残骸が転がる境内には巨石が祀られているほか、後ろの崖にも磐座が見える。さらには境内奥の岩肌に不動明王像が彫られ、像の左下には見慣れぬ文字が刻まれている。

（2007年『オセラ』通巻26号初出）

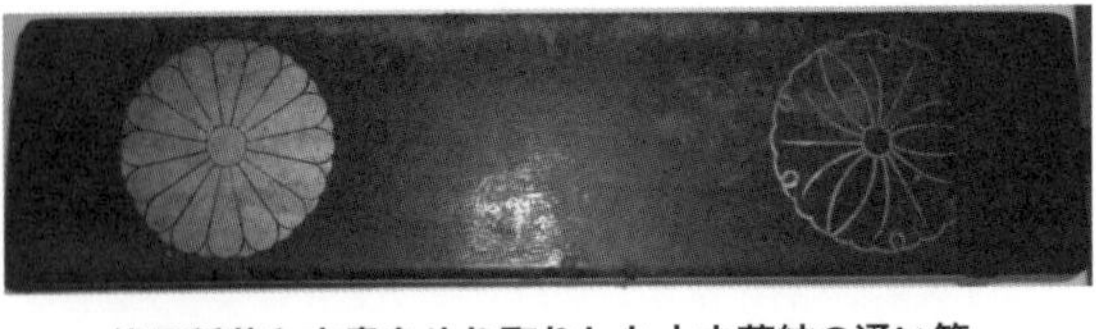

伏見稲荷と文書をやり取りした十六菊紋の通い箱。

本堂裏の急な階段を上った高台に、立派な屋根を持つ竪巌神社が東向きに建っている。

古立石神社跡の境内奥には不動明王像が彫られている。

59　太老《たろう》神社　浅口市金光町上竹2390

倉敷市西部の玉島阿賀崎で国道2号から県道382号に入り、竹川沿いを北西に進むと、やがて浅口市金光町上竹地区の中心部に至る。そこから備南広域農道を西へ向かい、太老神社参道の案内看板が見えたところで、山裾の狭いスペースに車を停める。広域農道は阿坂集落からの参道を横切る形で走っており、分断された北側には古い石板の橋が残っている。

社記によれば、当社は慶長6（1601）年に阿坂奥にあった中之坊吉祥院の鎮守として創建され、神託によって5年後に現在地へ遷されたと伝えられる。社家が火災に遭っているため、その起源や神社名の由来等ははっきりしないが江戸末期にまとめられた『備中誌』には「大郎神社」の名が見える。境内へは林の中の石段が約150メートル続く。その中間あたりに立つ石鳥居には「太老神」の神額が掲げられ、玉乗り型の狛犬と注連縄柱がある。車で行くなら山の西南側から境内近くまで上がればよい。

主祭神は天照大神が隠れた天の岩戸の前で神楽を舞った天鈿女命《あめのうずめのみこと》だ。相殿には岐神《くなどのかみ》が祀られている。こちらは道が分岐・交差する場所で疫病・災害などの侵入を防いでくれるという神だ。この岐神は天孫降臨の道先案内をした猿田彦命と同一視されており、猿田彦命と天鈿女命はしばしば夫婦一対の神として祀られる。

太老神社の社殿は阿坂集落がある北を向いて建つ。拝殿は千鳥破風を持つ瓦葺きの入母屋造りで、唐破風の向拝下には龍や鷲の彫り物が見え、向拝屋根の両端に獅子が飾られている。一段

北の表参道は石段が150mほど続く。その中間あたりに石鳥居、玉乗り型狛犬、注連縄柱がある。

高い所にある本殿は銅板葺きの一間社で日吉《ひえ》造りだ。本殿横に狐の石像が一対置かれているほか、軒下にも狐像が彫られており、稲荷信仰の混在が見られる。境内から東の道を少し入ると、山の斜面に磐座が祀られている。また本殿裏の山には南からの急な裏参道が通じ、それを登り切ったところに建つ鳥居の傍にも磐座があるが、現在は祀られている様子がない。

ところで当社は、岡山県南西部が舞台となった人気アニメ「天地無用！」シリーズに登場する柾木《まさき》神社のモデルだ。社殿や境内は当社を写し、神社名は総社の麻佐岐神社から取ったのではないか。また拝殿前の賽銭箱と魔除けの鈴は、「天地無用！」ファンの募金によって寄進されたものだ。拝殿に向かって左横には「天地箱」が設置され、簡単なパスワードで鍵を開けると、中には交流ノートなどが用意されている。

（書き下ろし2023年8月取材）

拝殿の唐破風向拝には龍や鷲の彫り物が施され、向拝の屋根には獅子が飾られている。

境内から東へ入った山の斜面には磐座が祀られている。

60　長尾神社　倉敷市玉島長尾２２８７

長尾神社はＪＲ新倉敷駅から北東に約７００メートル離れた小高い丘の上に鎮座している。周囲の低地は江戸時代の初めに干拓で開発された新田であり、この丘もかつては海に浮かぶ中島という小島の一つだった。その頃には対岸の長尾地区から東に向かって社を遙拝し、また舟で参拝に渡っていたようだ。

創建の時期は不明だが、中島又兵衛という豪族の屋敷跡に八幡宮が祀られ、応永年間（１３９４～１４２８）に豊前の宇佐八幡宮を再勧請したと伝えられる。大正２（１９１３）年に長尾村内の30社を合祀し、長尾神社と改称した。

この神社には興味深い点がいくつかある。一つめは中国の神仙五行とのつながりだ。本殿両サイドの回り縁の突き当たりにある脇障子には、神仙の姿が彫られている。二つめは本殿下の古い瓦の残骸に天皇家と関わりの深い鵜《う》の浮き彫りが見られること、三つめは拝殿屋根の菊菱紋と半菊半桐紋、そして四つめは幣殿のすぐ南側に立つ鳥居風の石門だ。石門にはハングルに似た神代文字が刻まれ、右から左に「カムナガラ」と読む。「神の意のままに」という意味だ。

ただしこの石門の位置は不自然で、そこから五つめの興味深い点が浮かぶ。もしかするとこの神社は、かつて南に向いて建っていたのではないだろうか。これはあくまでも仮説に過ぎないが、本殿を囲む瑞垣の形状や南北に広い敷地、境内南の玉垣の外に見える石の壇や手水鉢なども、南面していた時代の名残なのかも知れない。また神社南麓には遺跡が確認されている。

神仙の姿が彫られた本殿の脇障子。

残念ながら長尾神社は、慶長年間（1596~1615）の火災で古文書類を焼失しており、こうした謎を解く手がかりはほとんど残されていない。また南側の

入母屋造りの本殿。千鳥破風と唐破風付き向拝のある大きな屋根を持つ。

幣殿南側の石門にはハングルに似た神代文字が刻まれている。

斜面下には新幹線と山陽本線が通り、かつての痕跡をたどることも難しい。大正時代に出版された『浅口郡誌』は、長尾神社について「松林繁茂し、かつ高燥の地にありて風致佳なり」と記している。けれども現在は境内のすぐ南をひっきりなしに新幹線が高速で走り抜けて騒音が激しく、聖地にふさわしい静寂からはほど遠い。

当社の秋祭りには、各町内の氏子が千歳楽《せんざいらく》を担いでにぎやかに練り歩く。これは太鼓台の上に布団を高く積んで飾り立てた山車の一種で、千歳楽は岡山県南西部に特有の呼称だ。また春祭りには神楽が奉納される。

（書き下ろし2023年8月取材）

61　長田神社　真庭市蒜山《ひるぜん》下長田１０９７（旧八束村）

蒜山地方に源流を持つ旭川は、いくつもの支流を集めながらしばらく東へ流れ、やがて大きく南へ向きを変える。ちょうどそのあたりに鎮座しているのが、旧八束村（現在は真庭市）の長田神社だ。参道は国道３１３号東側の田んぼの間に伸び、かつては途中に木の両部鳥居が見えていた。その鳥居は数年前に撤去され、現在は境内に上る石段の前に新しく奉献された石の鳥居が立っている。

社殿は西向きで、拝殿には平成17（２００５）年に奉納された大注連《しめなわ》縄が張られている。これは20年ごとに氏子が取り替える習わしだから、２０２５年には新しい大注連縄が奉納されるのだろう。当社の主祭神は事代主命《ことしろぬしのみこと》だが、江戸期には牛頭天王社と称し、現在も「天王さん」の通称がある。

境内には樹齢を重ねた杉の神木が何本もそびえ、社殿に向かって左手には、柵で囲まれた小さな磐座《いわくら》が真名井神社として祀られている。

本殿の床が地面から高いのは、「雨が下から降る」と言われるほど湿気がひど

拝殿には大注連縄が奉納されている。これは 20 年ごとに新しく取り替えられるしきたりだ。

境内の北西端にある磐座が真名井神社として大切に祀られてきた。

く、また積雪も多いこの地方ならではの工夫だ。床から屋根までもかなり高さがあるが、本殿自体は外も内も彫り物などの派手な装飾がなく、質素な造りとなっている。

当社で毎年5月5日に行われるお田植祭は菖蒲《しょうぶ》祭とも呼ばれ、真庭市指定の無形民俗文化財だ。これは五穀豊穣と子孫繁栄を祈る神事で、拝殿に斎場が設けられ、酒や食べ物、洗米に煎った黒豆と刻んだ茗荷を混ぜた産米《うぶごめ》、稲苗に見立てた菖蒲な

杉の神木に囲まれた本殿は床も屋根も高い。柱は床下が八角柱で床上は丸柱だ。

どが供えられる。そして田植えまでの作業を再現するのだが、これには鋤などの農具を模した木製の祭具が使われ、菖蒲を角の代わりにした氏子が牛の役を務める。宮司は稲苗に見立てた菖蒲の束でその年の早稲《わせ》・中稲《なかて》・晩稲《おくて》の作柄を占う。さらに斎主が本殿の階段途中に置いた人形《ひとがた》の位置でその年のお産の難易を占い、安産が祈願される。

当社には、平安中期にまとめられた『延喜式神名帳』に記載のある式内社としての伝承がある。ただし美作国大庭郡《おおばのこおり》(現在は真庭市の一部)の式内社七社(八座)は、すべて旧湯原町(現在は真庭市)の社《やしろ》地区に集まっていたという説が一般的だ。従って式内社の長田神社も当社ではなく、社地区の長田神社とされてきたが、果たしてそうだろうか。現在の様子や社殿の大小、名称だけで判断することはできないが、当社が本来の式内社だった可能性は十分にあろう。

(2009年『オセラ』通巻41号初出)

62　波多《はた》神社　久米郡久米南町羽出木896

岡山県下には、渡来系の有力氏族だった秦氏と関わりの深い地域が多い。久米南町一帯もその一つで、誕生寺に生まれ育った法然上人の母親は「秦氏《はたうじ》の君」と呼ばれていた。久米南町東部の「羽出木」という地名も秦氏に縁《ゆかり》を持つと考えられ、この地に建つ波多神社はその祖先を祀ったものだとする説がある。

当社は久米南町に隣接する美咲町の本山寺から直線距離で600メートルほど西に位置し、参道入り口には木の両部鳥居が立っている。県道52号沿いにも石の鳥居があるが、こちらの参道は狭くて車では途中までしか入れないようだ。随神門をくぐって百段足らずの石段を上ると、瓦葺きの拝殿はガラス格子を高欄で囲った舞殿の様式で、その手前にはヒノキの巨木が三本並んでいる。

津山藩主・森家が延宝2（1674）年に建立したという現在の本殿は、屋根付きの木の瑞垣に囲まれた大きな三間社流造りだ。また境内から南西方向の山中は、神輿が担げるくらいの広い道が通じた広場になっており、木の根元に組まれ

麓の参道入り口にある小ぶりの両部鳥居から300 mほどで随神門に至る。

傷みが目立つ波多神社の本殿は三間社流造り。周囲には屋根の付いた木の瑞垣がめぐらされている。

た石の上の小祠で祭祀が行われている。社記によれば、波多神社は斉明5(659)年に勧請されたと伝えられ、当初は字小野に鎮座して畑三社権現と称したという。現在の社名に改号したのは明治6(1873)年のことだ。

主祭神の速玉男命《はやたまのおのみこと》は、伊弉諾命《いざなぎのみこと》が黄泉の国を去る時、妻と絶縁するために吐いた唾から生まれたとされる。速玉男命とともに配祀されているのは、絶縁された伊弉冉命《いざなみのみこと》と、伊弉諾命が吐いた唾を掃き払った時に生まれた神とされる事解男命《ことさかのおのみこと》だ。速玉男命と事解男命は縁切りもしくは穢れを祓う神と考えられ、一緒に祀られているケースが多い。いずれにせよ、この三柱が祀られていることから、当社は熊野系の神社とわかる。

そしてもう一つ、波多神社と桃の縁にも注目したい。拝殿向拝の屋根には桃の鬼瓦が置かれ、また本殿の屋根にも桃の紋が見える。桃の鬼瓦は魔除けとして用いられるが、当社の場合は黄泉比良坂《よもつひらさか》で伊弉諾命が桃を投げつけて追っ手を撃退した神話を想起させる。さらには初代津山藩主・森忠政が桃で毒殺されたという説とも関わりがあるかも知れない。当社は森家の霊廟があった本山寺の鎮守だが、森家は2代以降後継をめぐる問題を抱え、5代で断絶した。断絶後は、新たな津山藩主・松平家の霊廟が本山寺に置かれており、何やら因縁めいている。

（2013年『オセラ』通巻64号初出）

拝殿の向拝屋根の両端には、桃の形をした鬼瓦が置かれている。

63　八幡神社（長良山）　総社市窪木591－2

岡山市から国道180号を走り、岡山自動車道の岡山総社インターチェンジ近くで総社市の長良地区に入る。右手に見える長良山（本台山）にはかつて山城が築かれていた。一帯には複数の神社が祀られ、名水「菊水の井戸」も湧いている。鵜と長良の組み合わせについては本書上巻の「大元鵜江神社」の項で触れたが、長良地区の近くを流れる血吸川は、鯉に変身して潜った温羅《うら》を鵜になった吉備津彦命が噛み上げたとされる伝説の舞台だ。

国道180号から岡山県立大学へ向かう道路を北上すると、長良山の東麓に背の低い小さな鳥居が見える。おそらく道路の嵩上げで土台部分が埋められたのだろう。その鳥居の横を過ぎて、舗装された道路を上っていくと、やがて標高40メートルほどの小さなピークに至る。現在ここに祀られているのは長良の八幡様だ。

社記によれば当社の創建は文明12（1480）年で、現在地への遷座は天正12（1584）年だという。しかしながら当社は八幡神と並んで大己貴命《おおなむちのみこと》（＝大国主命）

と須世理姫命《すせりひめのみこと》（＝大国主命の妻）も主祭神としており、元々は出雲系の神が当地に祀られていたと考えられる。随神門の内側に置かれている狛犬も出雲系の尻上がり型だ。

この神社で珍しいのは、一間社流造りの本殿を囲う瑞垣が一般的な石柱列ではなく、横長の石板になっている点だ。社殿に向かって左側には、「惣社《そうじゃ》宮」「木山宮」と刻まれた石碑があり、眼下には岡山県立大学のキャンパスが広がっている。また本殿のほぼ真裏の方向に遠く見えているのは鬼ノ城だ。

八幡神社から南東方向にしばらく尾

八幡神社の尻上がり型狛犬。阿形の獅子が右前肢で玉を、吽形の狛犬が左前足で子どもを押さえている。

根道を歩き、途中の分かれ道を右手に登ると南側のピークに出る。標高約50メートルだ。こちらには石鉄山蔵王大権現が祀られているが、伊予の石鎚本宮から勧請されたのは昭和初年と新しく、それ以前に何が祀られていたのかは不明だ。加えて境内には昭和初期にこの一帯で行われた陸軍大演習の巨大な記念碑が建っており、聖地の雰囲気からは程遠い。

一方、長良山の南麓に祀られているのは金比羅大権現だ。残念ながら玉垣の一部が壊れているが、コンクリートブロックと波型スレートの粗末な拝殿の裏には屋根付の石段回廊があり、その上に流造りの小さな本殿が見える。左右の斜面には磐座もあるが、すでに草木に覆われかけており、祀られている様子はうかがえない。

（書き下ろし2023年6月取材）

本殿を囲う瑞垣は一般的な石柱ではなく、石板という珍しい形だ。

長良山の南頂に祀られている石鉄山蔵王大権現の本殿。境内の東には磐座もある。

64　福田神社　真庭市蒜山中福田３９２（旧八束村）

福田神社は岡山と鳥取の県境に連なる蒜山三座の南麓、旭川に流れ込む湯船川と玉田川にはさまれた尾根筋の先端に位置している。米子自動車道の蒜山インターチェンジからであれば、国道４８２号を東に走り、湯船川の手前で一本北の旧道に入って約６００メートル先の左手だ。

まだ新しい鳥居と絵馬の掛かった随神門をくぐって境内に入ると、左右２本のイチョウが大きく樹冠を広げてそびえている。いずれも根回りが9メートル近くあり、高さは20メートルを優に超える大木だ。どちらも真庭市の天然記念物で、樹齢は約７００年と推定されている。秋には黄葉が青空に映え、境内は黄色の絨毯を敷きつめたような彩りになる。

当社の創建年代は不明だが、出雲大社と奥出雲布施郷の稲田神社を勧請したという古社で、主祭神は大己貴命《おおなむちのみこと》（＝大国主命）、素戔嗚命、稲田姫命の三柱だ。元宮は上蒜山宮ヶ谷にあったと伝えられ、古くは布勢神社、後には布勢大宮や大森神社とも称した。明治4年（1871）に福田神社と改められたが、地元では「大宮様」と呼んでいる。

大きな注連縄が掛けられた拝殿は開放的な舞殿の様式で、内側には奉納された絵馬が数多く見える。本殿と幣殿は長屋のような細長い建物で左右を囲まれているため、細部の様子はよくわからないが、『八束村史』は「本殿は大社造り」と記している。『美作國神社資料』には大正4（1915）年に建てられた神楽殿と神輿蔵が記載され、どちらも梁行が2メートル強、桁行が10メートル弱の細長い建物になっている。現在の本殿左右の建物がこれに該当するのだろうか。かつての本殿と拝殿

福田神社の大イチョウのうち、拝殿に向かって左側の株。数多くの気根が見られ、神々しい姿だ。

は薄い杉板を重ねた杮《そぎ》葺きだったそうだが、昭和50（1975）年から現在の銅板葺きに改修されている。

福田神社に伝わる「皇仁庭《おうにんてい》」は鎌倉時代の作とされる珍しい舞楽《ぶがく》面だ。これは県の重要文化財に指定されており、現在は岡山県立博物館に寄託展示されている。また毎年お盆の時期に蒜山地方各地の神社などで行われる盆踊りは、「大宮踊」と総称される。そう呼ばれるのは「大宮」である福田神社の盆踊りが最もにぎやかに行われるからだ。

この大宮踊ではゆったりした「あおい」、少しテンポの上がる「しっし」、仮装した数人の踊り手によるひょうきんな所作が加わる「まねき」の3種類が踊られる。大宮踊は古い時代の風情を伝える盆踊りとして、平成9（1997）年に国の重要無形民俗文化財に指定された。

（書き下ろし2023年4月取材）

拝殿の大注連縄は氏子が奉献したもの。拝殿内部には絵馬が奉納されている。

細長い建物に囲まれた本殿の屋根。千木が鰹木の内側に置かれている。

65　箆取《へらとり》神社　倉敷市連島町西之浦3184

　JR倉敷駅前を南下して連島地区に向かい、大平山南麓の県道275号を走って大梵交差点からそのまま旧道を西へ向かうと、「ヘラ取《とり》神社前」という耳慣れぬ神社名を冠したバス停がある。そこから神社の参道入り口までは300メートルほどだが、車でのルートは連島西浦《せいほ》小学校正門側から大きく迂回する。「箆取」という社名の由来には諸説あり、創立年代など詳しいこともわかっていない。社記によれば、まだ一帯に海が広がっていた天武元（672）年の壬申の乱の頃、鎮座地前の海上に「箆」という神紋の雲が浮かんだという。古くは海若宮と呼ばれ、また江戸時代には箆取大権現とも称した。祭神は海神・大綿津見命《おおわたつみのみこと》とその娘の豊玉姫命《とよたまひめのみこと》、玉依姫命《たまよりひめのみこと》という三柱だ。

　息を切らせて正面参道の急な階段を上ると、左右両翼にめぐらされた長い二段回廊の入口にたどり着く。この回廊は吉備津神社を凌ぐ県下随一の規模を誇り、途中の絵馬殿からは眼下に臨海工業地帯や水島灘が一望できる。余談ながらこの境内では『麦笛』(1955)という東宝映画のロケが行われた。

　急な斜面に建つ本殿と幣殿は江戸末期の安政5(1858)年の再建だ。明治8(1875)年に新築された拝殿や廻廊などは近年修復が行われ、拝殿向拝には古くからの木鼻や蟇股《かえるまた》などが新しい柱や虹梁と組み合わせて使われている。

　本殿の社叢には磐座《いわくら》があるはずだが、一帯が禁足地で塀で囲まれているため、どういう形で祀られているのか不明だ。拝殿の南東すぐのところに小さな鳥居がポツンと立っているのは、

傾斜の急な山腹に設けられた篦取神社の長い回廊。

その磐座を拝むためのものだろうか。さらには境内裏の狭い道路をはさんだ崖下にも磐座があり、それを祀っていた神社の跡も確認できる。

そこには今も石燈篭や手水鉢、祭壇跡などが残るが、宮司によればかつては稲荷が祀られていたそうだ。これは社伝にある七十五眷属《けんぞく》の霊狐や南麓からの古い参道に立つ鳥居前の一対の狐と関係があるのかも知れない。廃された稲荷は篭取神社拝殿の北西側にある朱鳥居のところに遷したとも聞く。

また当社東麓の連島西浦小学校近くには、玉姫玉取の三明神が点在する。これは神功皇后の妹・玉姫命が当地で早産し、間もなく母子も乳母も亡くなったという伝説によるものだ。この三明神はいずれも当社本殿方向を拝む位置にあり、玉姫玉取明神が篭取神社に合祀されたという説に合致するが、真相はわからない。

（2008年『オセラ』通巻35号初出）

拝殿の向拝は新しい柱や虹梁と古い獅子鼻や蟇股を組み合わせて修復されている。

境内裏の崖下に見える磐座。廃社となった稲荷の手水鉢や燈篭も残る。

66　町川《まちがわ》神社　勝田郡奈義町上町川1587

岡山県北の津山市から国道53号を鳥取方面へと向かい、同市勝北《しょうぼく》地区を経て奈義町に入る。陸上自衛隊日本原演習場のゲート前を過ぎて、通称「大曲り」の手前にある最初の信号を右折し、そのまま約1・3キロ南下すると、やがて右手に町川神社の石鳥居が見える。場所は奈義町と勝央町の境にある三叉路の付近だ。

鳥居をくぐって参道を進むと途中に木の両部鳥居があり、拝殿前には神木の杉が三本かたまってそびえている。社殿の向きはちょうど冬至の太陽が昇る方角だ。ガラス格子の拝殿は簡素だが、幣殿に被さるように建つ一間社中山造りの本殿は小さいながらも立派な屋根を持ち、躍動感のある手挟の彫刻が目を引く。本殿扉の左右には十六菊紋と五七の桐紋が見える。

また社殿には倒壊防止のワイヤーが何本も張られているが、これは広戸風と呼ばれる強い局地風対策だろう。平成16（2004）年の台風23号の際には、参道入り口の石鳥居が倒壊しており、翌年に修復再建されている。

本殿の扉には、
十六菊紋と五七の
桐紋が取り付けら
れている。

町川神社の本殿は大きな屋根を持ち、倒壊防止のワイヤーが
張られている。

当社は嘉吉《かきつ》4（1444）年に滋賀県の日吉《ひえ》大社から分霊を勧請したとされ、古くは日吉山王宮と称し、祭神は大己貴命《おおなむちのみこと》（＝大国主命）だ。境内社も大国主命や素戔嗚命を祀ったものが多く、出雲系の色合いが濃い。ただし当社には後醍醐天皇の皇子をめぐる次のような伝承が残されている。

正慶元［元弘2］（1332）年に後醍醐天皇が隠岐島に流された際、後を追ってきた広橋局が現在の奈義町西原で産気づき、美作菅家一族の助けを得て追治皇子《おうちのみこ》を産んだ。その追治皇子の御所として新殿を建てたのが、町川神社の一帯だったという。けれども新殿の完成前に皇子が亡くなり、広橋局は遺品を新殿に納めて祀ったと伝えられる。当社が御所宮《ごしょのみや》とも称され、鎮座地の字名が御所野となっているのはそのためだ。

社殿に向かって境内右手端にある石段から山中に入り、数分も歩くと皇子の遺品を埋めたとされる小さな塚があり、側らに「御所塚」という立派な石碑が建っている。付近にはほかにもこの伝承に関わる旧跡がいくつか点在する。また当社から3～4キロ南西の勝央町植月北地区は、高福天皇を初代とする美作後南朝が置かれた場所と伝えられており、これまた後醍醐天皇に繋がる一統だ。その植月御所跡から見て、鬼門とされる艮《うしとら》の方角に町川神社が位置しているのも、おそらく偶然ではないだろう。

（書き下ろし2023年7月取材）

神社近くの山中には、追治皇子の遺品を埋めたという御所塚があり、由来を示す石碑が建てられている。

67　真止戸山《まとべやま》神社　浅口市鴨方町六条院中6919

国道2号から浅口市鴨方町の六条院東交差点を南下し、県道284号を2キロほど走ると右手に注連縄柱《しめなわばしら》が見える。その間を抜けて里庄方面へ約1キロ半進んだ山中に、素戔嗚命を主祭神とする真止戸山神社（通称「天王様」）の重厚な鳥居が立っている。鎮座地の字名は真山戸山《まつばさ》であり、社名も本来は「まつばさ」ではないかと思うが、表字の違いや意味も含めてはっきりしたことはわからない。

社記によれば、真止戸山神社は宝亀2（771）年に吉備真備《きびのまきび》によって播磨国の広峯神社から牛頭天王《ごずてんのう》を勧請されたという。京都の八坂神社とともに牛頭天王の総本宮とされる広峯神社は、唐から帰国した吉備真備が都への途次に神威を感じて祀られたとも、備後国の素盞嗚神社から牛頭天王を勧請したとも伝えられる。真止戸山神社が鎮座する六条院を含む下道郡は吉備真備の本拠地であり、その創建には奈良時代の吉備一帯をめぐる歴史が関わっているのかも知れない。

北の泉山と南の竜王山の頂上を結ぶ線上に位置する当社は、かつて立派な日吉造り変体の檜皮葺き本殿で知られたが、残念ながら昭和17(1942)年に焼失している。現在の本殿は2018年の再建と新しく、銅板葺きの大きな屋根を持つ堂々とした三間社流造りだ。

本殿の西側には古い鳥居が立ち、石の瑞垣に囲まれた末社の住吉神社が祀られている。池田光政公による寛文年間の寺社整理の際、岡山藩領だった当地では1541社がこの住吉神社に合祀されたという。さらに明治

2018年に再建されたばかりの大きな本殿。破風飾りや梁の小口が金色に輝いている。

43（1910）年には一村一社の方針を受け、六条院村内の4社が真止戸山神社に、残る34社が境内の住吉神社に合祀されている。

こうした経緯から、鴨方町南部域における当社の位置づけ、とりわけ住吉神社の大切さがうかがえよう。吉備真備が二度も遣唐使を務めたことを考えると、航海を守護する住吉神社が牛頭天王とは別に古くから祀られていた可能性が高い。

また当社にはもう一つ別な航海の神が祀られている。それは真止戸山神社の真向かいに鎮座する末社の向日《むかひ》神社だ。こちらは京都の向日神社と同名の向日神を祀るが、宮司によればそのご神体は舟に乗った海神だという。古くは竜王山の反対側の瀬戸内海を望む場所に祀られていたそうだが、現在の場所に遷された経緯は不明だ。いずれにしても二つの鳥居と社殿が、道路をはさんで正対しているというのは珍しい。


（書き下ろし2023年8月取材）

拝殿の向拝上には、複数の獅子と牡丹を組み合わせた複雑な鬼瓦が置かれている。

真止戸山神社と向かい合って建つ末社の向日神社。古くは竜王山の南側に祀られていたという。

68　三鏡《みかがみ》神社　苫田郡鏡野町越畑《こしわた》775

津山の院庄交差点から国道179号を北へ向かって鏡野町に入り、香々美川の手前で右折すると県道392号に入る。そこからは川に沿って北へ向かう。香々美北郵便局を過ぎて県道75号へと右折し、さらに川沿いを進むと、道を開いた夫婦の伝説が残る権現乢《たわ》に至る。この乢が岩屋地区と越畑地区の境だ。そして香々美ダム脇のトンネルを抜けた先に、茅葺き屋根の「ふるさとの家」が見え、敷地の奥にはたたら記念館がある。訪れる人が少ないのか、どちらも傷みが目立つ。院庄からここまで約20キロの距離だ。

誉田別命と大国主命を祀る三鏡神社はそこから北へ約500メートル、香々美川にかかる「おみやばし」を渡ってすぐの左手山裾に位置している。ここには元々八幡神社が鎮座していたが、明治末期の一村一社政策を受けて、いずれも大国主命を祀る越畑神社と岩屋神社が合祀されたという。『美作國神社資料』には、ほかにもいくつかの神社やその境内社がここに寄せられ、また社名を三鏡神社と改めて大正元（1912）年に合祀遷座式を挙行したと記されている。

　ただし地区間の対立があったのか、岩屋神社は後に3キロほど南の元宮に復祀されたようだ。また越畑神社の元宮跡は香々美川沿いを北へ800メートルほど遡った県道左手にあり、神輿を担ぐ際の御旅所となっている。もっとも宮司によれば、氏子の減少と高齢化で近年は担ぎ手がいないらしい。

　三鏡神社には本社をはさんで左右に一つずつ境内社がある。これは高龗神《たかおかみのかみ》・天照大神を祀る岩山神社と、大山津見命など6柱を祀る荒神社と思われるが、どちらがどちらなのかわからないという。向かって左の社は一間社流造り、右の社は

香々美川の東に立つ鳥居。境内へと緩やかに続く古い石段は草におおわれかけている。

瓦屋根の建物に保護された小さな神明造りだ。また流造りの境内社の妻側には、木槌が意匠として組み込まれている。向かって左に2本、右に1本確認できるが、こうした意匠は県内でも珍しい。

越畑でたたら製鉄が盛んだったのは江戸期から明治の初めにかけてのことだが、その跡や遺構は今も随所に残っている。当社から林道を北西に歩いた先にある金屑山《かなくそ》もその一つで、製鉄によって出る鉄滓《てっさい》（かなくそ）が積み上げられた小丘がある。また越畑神社の元宮からさらに北へ700メートルほどの県道右脇には、製鉄や鍛冶にかかわる人に信仰された金屋子《かなやご》神の祠が、杉と竹の林に囲まれてひっそりと祀られている。

（書き下ろし2023年8月取材）

三鏡神社の社殿。簡素だが拝殿の内部もきれいに整えられている。

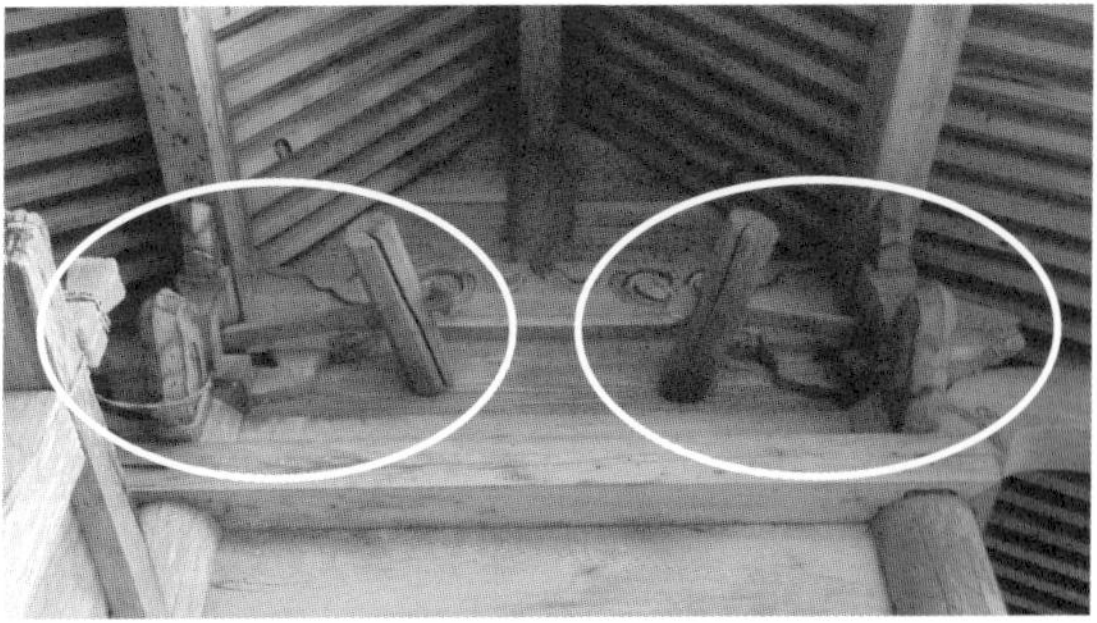

三鏡神社本殿のすぐ西側に鎮座する境内社の妻には木槌が見える。

69　美和《みわ》神社　瀬戸内市長船町東須恵1064

瀬戸内市の真ん中を貫く県道39号（備前牛窓線）を車で走ると、須恵古代館のすぐ南に全長82メートルの前方後円墳が見える。同市長船町西須恵にある築山古墳だ。「須恵」という地名からもわかるように、この一帯では6世紀半ばから須恵器の生産が盛んに行われていた。すぐ近くには旧石器時代から平安時代におよぶ西谷《にしだに》遺跡や須恵廃寺なども点在し、ここが古代の中心地の一つであったことがうかがえよう。

そしてもう一つ、当地には重要な古代祭祀の遺跡が残されている。それが標高166メートルの三和ノ峰（広高山）山頂に祀られている磐座《いわくら》だ。県道から山頂へ向かう道路は舗装されて道幅も広く、車で楽に登ることができる。途中の道路脇に古い鳥居と備前焼の狛犬が見えるが、この鳥居はかつて山麓の県道沿いにあって、三和ノ峰山頂の磐座とそこに昇る冬至の太陽を拝んでいたと考えられる。

山頂に祀られた磐座の周囲には正方形の敷石が見られ、これは神域を示す磐境《いわさか》

かつては県道 39 号沿いにあり、三和ノ峰山頂の磐座と冬至の太陽を拝んでいた鳥居。

山頂には磐座が祀られ、その周囲約 11m 四方には敷石が確認されている。

であったと推定される。そしてこの磐座を拝む位置にあるのが、約150メートル南西の山端に建つ美和神社だ。創建年代は不明ながら式内社と伝えられ、三輪山を神体山として祀る奈良の大神《おおみわ》神社から大物主命を勧請したという。社紋は三ツ輪だ。

記紀神話によれば崇神天皇の代に疫病が流行って、多くの死者が出た。ある夜、大物主命が天皇の夢枕に立ち、わが子孫・大田田根子《おおたたねこ》を三輪山の祭主に迎えてわれを祀らせよと告げた。天皇がそのお告げに従うと、国が安らかに治まったという。美和神社も本殿裏の若宮神社に

美和神社の拝殿。当社は奈良・三輪山の大神神社を勧請したとされる。

大田田根子を祀っているが、田根子は須恵器の一大産地だった堺の陶邑《すえのむら》出身とされており、当地はその陶邑とつながりがあったと考えられる。

美和神社では10月の秋季大祭の前に潮垢離《しおこり》の神事が行われてきた。これは宮司や祷《とう》主らが夜、古道を歩いて同市邑久町の尻海《しりみ》まで行き、海で身を清めてから近くの広高神社に幣帛《へいはく》や御酒を供えるというものだ。美和神社の境内にはその広高神社を遥拝する場所も設けられている。

現在の広高神社は尻海の若宮八幡宮（本書150ページ参照）の本殿裏に並ぶ境内社の一つだが、元は同宮から南へ下った旧道沿いにある才崎の磐座に祀られていたという。往古、波に洗われていたと考えられるこの磐座は、美和神社を創建した人々にとって大切な場所であったに違いない。


（2008年『オセラ』通巻34号初出）

70　百射山《ももいやま》神社　総社市三輪1347

県道270号から469号に入って北に走ると、右手の畑の中に百射山神社の看板が立っている。それを過ぎてすぐの交差点を右折し、山裾の細い道をたどれば参道入り口の鳥居へと至る。当社は『延喜式神名帳』に記載された備中国18社の一つとされるが、創建当時から三輪山西麓に祀られていたわけではない。

元宮はここから南東に約2キロ離れた標高302メートルの福山（古名は百射山島）山頂にあったという。現在の山頂に残る礎石と一対の狛犬がその社殿跡かどうかは不明だが、福山の西麓一帯には200基を超える古墳が集中しており、古代から特別な山だったことがわかる。

また中世には福山山頂に山城が築かれ、南北朝時代の合戦場として『太平記』にも登場している。それによれば建武3〔延元元〕（1336）年、九州から京へ向けて攻め上る足利尊氏方の大軍に対し、後醍醐天皇方の大井田氏経《おおいだうじつね》は福山城に籠もり、わずかな勢力でこれを迎え撃った。3日3晩続いたという激戦の末、城は焼け落ちて氏経も敗走するが、足利方には2万もの死傷者が出たと伝えられる。

百射山神社もこの合戦で焼失し、いったん北隣りにある幸山《こうざん》の山腹へ遷る。一説には最初から幸山山麓にあったとされるが、その登り口の清音《きよね》三因《みより》集落には、石造りの「百射口常夜燈」が残っている。寛文12(1672)年、百射山神社は三輪村を領した岡山藩主・池田光政公の命によって現在の場所に遷され、三輪神社および御崎神社と合祀された。鎮座地の三輪という地名や参道入り口に立つ鳥居の「明見宮

百射山神社の拝殿。扁額には三社の名前が並んでいる。

御崎宮」という扁額は、百射山神社が後から当地に祀られたことを示唆している。

神域との境を示す小さな石橋を渡って石段を上り、割り拝殿のような建物を抜けて境内へと入る。同様の建物は本書上巻で紹介した大元鵜江神社にも見られるものだ。当社の主祭神は大山津見命《おおやまつみのみこと》で、相殿《あいどの》には御崎神社の吉備武彦命、三輪神社の猿田彦命と大物主命が祀られている。

拝殿の屋根上では、背中に大きな羽根の生えた天狗がヤツデの団扇《うちわ》を持って睨みを利かせている。一段高いところには入母屋流造りの本殿が建っているが、かつては三社形式の本殿だったそうだ。本殿の西側には小さな磐座が、また裏山を少し登ったところには大きな磐座が祀られている。神社の周囲には三輪山（宮山）の遺跡群が控え、約90基の墳丘墓や古墳、三輪廃寺跡などが点在する。


（2008年『オセラ』通巻32号初出）

拝殿の屋根の一番高いところに置かれた天狗の鬼瓦。

背後の三輪山中腹には大きな磐座が祀られている。

71　吉川八幡宮　加賀郡吉備中央町吉川3932

吉備中央町南端の黒山地区に、天安から貞観《じょうがん》の初め（857〜861頃か）の創建という松原八幡宮が祀られている。応神伝説のある小社だ。吉川八幡宮はこれを元宮として永長元（1096）年に奉遷され、まもなく山城国・石清水《いわしみず》八幡宮の別宮となったと伝えられる。ここ吉川の地は平安時代に石清水八幡宮の荘園だった。その後しばらく神社は荒廃していたようだが、応永2（1395）年に本殿が再建されてからは栄え、かの豊臣秀吉からも寄進があったという。

祭神は応神天皇、仲哀天皇、神功皇后の三柱で、鎮座地は県道307号の八丁畷《なわて》ロータリーから南へ500メートルほどのあたりだ。鳥居をくぐって苔むした屋根を持つ随神門の前に立つと、鎮守の杜に囲まれた風格ある社殿が見える。ただし、鳥居も随神門も真正面から社殿に向かうのではなく、斜めからぶつかる角度で配置されている。当社の拝殿は縦長で奥行きが非常に深く、梁には風鐸が吊られ、祭礼の提灯を掛ける金具がいくつも取り付けられている。

入母屋造《いりもや》平入《ひらい》りの大きな本殿は、木鼻や蟇股《かえろまた》などに室町時代の建築技法がよく現れているとされ、大正14（1925）年に国から特別保護建造物（後の重要文化財）の指定を受けた。また縁板は短い板を建物に対して直角に並べた切れ目縁ではなく、建物に平行して縦に長い板で組まれた榑《くれ》縁となっているのも珍しい。本殿の屋根は明治末の葺き替えで檜皮《ひわだ》葺きに変えられていたが、平成8（1996）年から始まった全面解体修理の際に、本来の栩《とち》葺きに戻された。

またこの解体修理の際に貴重な発見がなされている。まず本殿床下の部材に「打ち割り法」の痕跡が全国で初めて確認された。この「打ち割り法」というのは、縦一列に鑿《のみ》を打ち込んで長い木材を割るもので、縦曳き鋸がなかった時代の古い製材法だ。そしてもう一つ、本殿の背面東端蓑束《みのづか》裏に「応永15（1408）年」の墨書が発見されている。これによって吉川八幡宮本殿は岡山市の吉備津神社本殿よりも古く、県内に現存する最古の神社建築であることが判明したのだ。

この吉川八幡宮で行われる「当番祭」は、毎年10月1日に二人の少年が当番として選ばれ、「垢離《こり》とり」「口開け」などの行事を経て、同月第4日曜日に行われ

随神門からの参道は拝殿に正面から向かうのではなく、斜めの角度でぶつかっている。

栩葺き屋根の本殿は八幡造りではなく、入母屋造平入りという様式だ。

る大祭の翌日まで約一ヶ月続くという珍しい祭りだ。岡山三大祭りの一つとして知られ、県の重要無形民俗文化財にも指定されている。

（2006年『オセラ』通巻25号初出）

本殿の東側に作られた仮屋の跡。当番祭の宵祭りと大祭の御座所となる。

72　若宮八幡宮　瀬戸内市邑久《おく》町尻海《しりみ》3038

岡山ブルーライン（県道397号）の一本松インターチェンジから南下し、海岸近くで県道225号に入って西へ向かう。900メートルほど走ったら左手に尻海駐在所があるので、そこを右折して集落に入る。山へ向かって進みながら旧玉津小学校の前を過ぎ、さらに狭い道を上って行くと、右手に境内へ向かう道が見える。正面参道は南の旧玉津小学校側にあり、若宮八幡宮の石鳥居と神田稲荷神社の朱鳥居が並んでいる。

社記によれば、かつての若宮八幡宮は現在地から北西にあたる大土井のカベラに祀られていたという。その後遷座を重ね、現在地に遷ったのは寛政6（1794）年とされるが、詳しい経緯はわからない。主祭神は応神天皇の子である仁徳天皇、仲哀天皇、神功皇后、大山津見命の併せて4柱だ。

拝殿前に立つと、左右に置かれた風変わりな石燈籠が目につく。説明版には高さ3・6メートルとあり、瀬戸内市の重要文化財に指定されている。尻海の商人とされる薩摩屋藤太夫が安永7（1778）年に寄進したものと伝えられ、当社が海運にかかわる人々から崇敬されていたことがうかがえる。台脚部の高いアーチは中国風もしくは琉球風を感じさせ、石材は鹿児島県産のものが使われている。燈籠の最上部に置かれているのは阿吽一対の雲竜だ。

社殿は平成に入って改築されており、本殿は数の少ない神明造り系だ。左右に棟持柱が立ち、簡素な造りで装飾もない。その本殿裏には12の末社が並んでいるが、向かって右から4番目に広高神社が祀られている。広高神社は本書で取り上げた美和神社（本

台脚部が中国風のアーチ状になった石燈籠。

書138ページ参照）からも遥拝され、その潮垢離《しおこり》神事の際には幣帛《へいはく》が奉られてきた。かつては尻海の才崎にある磐座の上に祀られていたようだが、若宮八幡宮の末社となった経緯などはよくわかっていない。

一方、境内東側に江戸の神田明神を勧請したという神田稲荷神社があり、その拝殿前には備前焼の大きな狐像が一対置かれている。こちらの本殿は銅板葺きの立派な屋根を持つ一間社で、軒下の手挟、海老虹梁、高欄の四隅や縁下には細かな彫り物が施されている。若宮八幡宮の簡素な本殿とは対照的だ。

また神田稲荷神社の拝殿には屋根上に窓のついた小屋が見える。これは毎年2月11日に行われる会陽の神木《しんぎ》を投げる御福窓だ。もっとも現在では、締め込み姿の男たちが神木を奪い合うのではなく、誰でも参加できる餅まき会陽が行われている。

（書き下ろし2023年8月取材）

本殿はシンプルな神明造りで、千木は上に尖った外削ぎ、鰹木は 5 本だ。

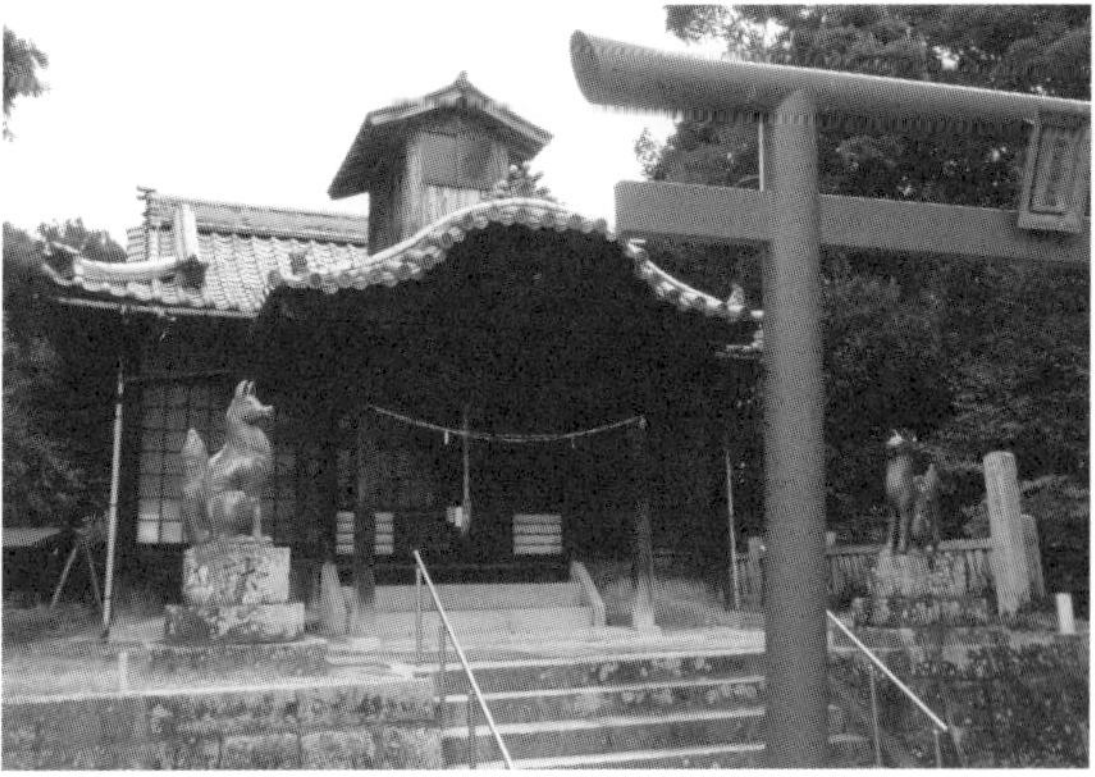

神田稲荷神社の拝殿屋根には、会陽の神木を投げる御福窓が設けられている。

主な参考資料

『赤磐郡誌全　改修』岡山県赤磐郡教育会１９８０大真屋書店

『赤坂町誌』赤坂町教育委員会１９８４赤坂町

『浅口郡誌（復刻版）』浅口郡役所［１９８１］作陽新報社

『足高神社神社誌』１９９５足高神社

『天計神社と神宮寺古墳』河田晴夫１９５７天計神社

『岡山県遺跡地図（改訂版）』岡山県古代吉備文化財センター２００３岡山県教育委員会

『岡山県児島郡誌（復刻版）』児島郡教育会１９７７文献出版

『岡山県神社誌』１９８１岡山県神社庁

『岡山県史（第15巻民俗Ⅰ／第16巻民俗Ⅱ）』岡山県史編纂委員会１９８３岡山県

『岡山県大百科事典（上／下）』岡山県大百科事典編集委員会１９８０山陽新聞社

『岡山県通史（復刻版）』永山卯三郎１９７１岡山県通史刊行会

『岡山県の会陽の習俗』岡山県教育庁文化財課２００７岡山県文化財保護協会

『岡山県の地名　日本歴史地名体系第34巻』１９８８平凡社

『岡山県百名山』中島篤巳２０００葦書房

『岡山県歴史の道調査報告書第三集／第六集』１９９２／１９９３岡山県教育委員会

『岡山市史　第５巻（復刻版）』岡山市役所１９７５明治文献

『岡山市史　古代編／宗教・教育編』岡山市史編集委員会１９６２／１９６８岡山市役所

『岡山の式内社』薬師寺慎一２０１０吉備人出版

『岡山の民間信仰』三浦秀宥１９７７岡山文庫

『邑久郡史　改訂（上／下）』小林久磨雄１９５３／１９５４邑久郡史刊行会

『邑久町史　文化財編／地区誌編／通史編』邑久町史編纂委員会２００２邑久町／２００５瀬戸内市／２００９瀬戸内市

『長船町史　民俗編』長船町史編纂委員会１９９５長船町

『落合町史　民俗編／地区誌編』落合町史編集［纂］委員会１９８０／１９９９落合町

『鏡野町史　通史編／民俗編』鏡野町史編集委員会１９９３／２００９鏡野町

『勝田郡誌』国政寛１９５８勝田郡誌刊行会

『勝田郡誌（復刻版）』勝田郡役所１９７２作陽新報真庭本社

『勝田町誌』勝田町誌編纂委員会１９７５勝田町教育委員会

『角川日本地名大辞典33岡山県』１９８９角川書店

『鴨方町史　民俗編／本編』鴨方町史編纂委員会１９８５／１９９０鴨方町

『加茂川町史（正／続）』植木克己１９８６／１９９１丸善岡山支店出版サービスセンター

『加茂川町の民俗』1990岡山民俗学会
『賀陽町史』賀陽町教育委員会1972賀陽町
『完訳太平記（二）』上原作和ほか2007勉誠出版
『北吉野村史』北吉野村史編集委員1956 北吉野村史編纂会
『清音村誌』清音村誌編纂委員会1980清音村
『郷土の文化資料第四集』1976柵原町史編集委員会
『久世町史』久世町史編集委員会1975久世町教育委員会
『久米郡誌』1923久米郡教育会
『久米南町誌』久米南町誌編纂委員会1982久米南町
『倉敷市史第2冊／第5冊（復刻版）』永山卯三郎1973名著出版
「国史見在社について」三橋健『国立歴史民俗博物館研究報告 第148集』所収2008国立歴史民俗博物館
『現代語訳古語拾遺』菅田正昭2014新人物文庫
『古事記』倉野憲司校注1987岩波文庫
『金光町史 民俗編』金光町史編纂委員会1998金光町
『西大寺市史』西大寺市史編集委員会1980岡山市
『西大寺町誌』西大寺町誌編集委員会1971西大寺町誌刊行会
『式内社調査報告 第22巻山陽道』式内社研究会1980皇学館大学出版部
『上道郡誌（復刻版）』上道郡教育会1973名著出版
『新修倉敷市史13美術・工芸・建築』倉敷市史研究会1994倉敷市
『新訂作陽誌（復刻再版）』矢吹金一郎校訂1975作陽新報社
『神社大観』光永星郎編1940日本電報通信社
『新本誌』新本老人クラブ郷土研究会1972
「袖もぎ信仰について」佐上静夫『岡山民俗（百号刊行記念特集）』所収1972岡山民俗学会
『総社市史 民俗編／通史編』総社市史編さん委員会1985／1998総社市
『高梁市史（増補版）上・下』高梁市史編纂委員会2004高梁市
『建部町史（地区誌・史料編）』1991建部町
『玉島地方史 上』太田茂弥1987玉島地方史研究会
『玉島むかし昔物語』渡辺義明1992私家版
『玉島風土記物語 1—5』渡辺義明2008—2012私家版
『玉野市史 続編』玉野市史編纂委員会編1972玉野市役所
『都窪郡誌（復刻版）』都窪郡教育会1971名著出版
『津山市史 第一巻原始・古代／第三巻近世Ⅰ』津山市史編さん委員会1972／1973津山市役所

『津山の社寺建築』奈良国立文化財研究所1988津山市教育委員会
『連島町誌』連島町誌編纂会1956
『常磐村史』常磐村史編集会1961
『苫田郡誌』苫田郡教育会1927
『長尾町誌』花田一重1951長尾町文化会
『奈義町誌』奈義町誌編纂委員会1980奈義町
『日本書紀（上・下）』井上光貞監訳2020中公文庫
『備前国神名帳』岡山県立図書館所蔵写本
『備中誌 上・下（復刻版）』1977日本文教出版
『真止戸山神社誌』鈴鹿多喜二1948真止戸山神社々務所
『真庭郡誌（復刻版）』真庭郡教育会1968作陽新報真庭本社
『真備町史』真備町史編纂委員会1979真備町
『三石町史』三石町史編集委員会1959三石町
『美作國神社資料』美作國神社資料刊行会1920岡山県神職会美作五郡支部
『美作国布施社領の研究』前原茂雄2018真庭市
『美作誌』藤巻正之1973作陽新報真庭本社
『美和の郷風土記』浦上宏2012吉備人出版
『明治神社誌料府県郷社下巻』1912明治神社誌料編纂所
『望月仏教大辞典』望月信亨1960世界聖典刊行協会
『六条院町誌』花田一重1949六条院町役場
『八束村史』八束村史編纂委員会1982八束村
『柵原町史』柵原町史編纂委員会1987柵原町
『弓削町史』丸山肇1954弓削町役場
『湯原町史 前編』湯原町1953
『吉川誌』田中一雄1956吉川誌刊行後援会
『読み下し日本三代実録（上・下）』武田祐吉ほか2009戎光祥出版
『和気郡誌（復刻版）』私立和気郡教育会1973名著出版

主な参考サイト
岡山県神社庁（okayama-jinjacho.or.jp）／岡山県ホームページ（文化財課）岡山県内所在の国・県指定文化財（pref.okayama.jp）／吉備中央町の神社 - okayama-yaso ページ！（okayama-yaso.jimdofree.com）／玄松子の記憶（genbu.net）／瀬戸内市公式ホームページ（city.setouchi.lg.jp）／真庭の神社ー岡山県神社庁真庭支部（jinja-maniwa.jp）
※この他にも各神社の社歴や略記、由緒書き、各種ホームページなどを随時参照させていただいた。

略歴

監修・野崎豊《みのる》
1942年岡山市生まれ。長年にわたって古代祭祀や神社仏閣の調査研究に取り組む。フィールドワークに裏づけされた豊富な知識と独自の視点からのわかりやすい解説には定評があり、寺社めぐりや遺跡探訪ツアーのガイド役としても活躍してきた。岡山歴史研究会顧問、イワクラ（磐座）学会会員。監修に『岡山の神社探訪（上）』（岡山文庫330）。

執筆・世良利和
1957年、出雲大社の門前に生まれる。福山大学専任講師等を経て執筆活動に入り、雑誌・新聞に数多くの論考やエッセイを発表。2006年から「岡山の神社　気ままめぐり」を『オセラ』に連載。法政大学沖文研国内研究員、岡山理科大学兼任講師。著書に『笠岡シネマ風土記』（岡山文庫320）、『岡山の神社探訪（上）』（岡山文庫330）など。博士（芸術学）。

岡山文庫 334　岡山の神社探訪（中）
-古社・小社をめぐる-

令和6（2024）年5月15日　初版発行

著　者　世良利和
監　修　野崎豊
発行者　荒木裕子
印刷所　株式会社三門印刷所

発行所　岡山市北区伊島町一丁目4-23　**日本文教出版株式会社**
電話岡山（086）252-3175（代）
振替 01210-5-4180（〒700-0016）
http://www.n-bun.com/

ISBN978-4-8212-5334-0

201. 総社の散策・神野 力・葛原克人・加藤信二
202. 岡山の路面電車・楢原雄一
203. 岡山ふだんの食事・鶴藤鹿忠
204. 岡山のふるさと市・倉敷ぶんか倶楽部
205. 岡山の流れ橋・渡邉隆男
206. 岡山の河川拓本散策・坂本亜紀児
207. 備前を歩く・前川 満
208. 岡山言葉の地図・今石元久
209. 岡山の和菓子・太郎良裕子
210. 吉備真備の世界・中山 薫
211. 柵原散策・片山 薫
212. 岡山の岩石・野瀬重人・沼野忠之
213. 岡山の能・狂言・金関 猛
214. 岡山の鏝絵・赤松壽郎
215. 山田方谷の世界・朝森 要
216. 岡山おもしろウオッチング・おかやま路上観察学会
217. 岡山の通過儀礼・鶴藤鹿忠
218. 日生を歩く・前川 満
219. 備北・美作地域の寺・川端定三郎
220. 岡山の親柱と高欄・渡邉隆男
221. 西東三鬼の世界・小見山 輝
222. 岡山の花粉症・三好・難波・岡野・山本
223. 操山を歩く・谷淵陽一
224. おかやま山陽道の拓本散策・坂本亜紀児
225. 霊山熊山・仙田 実
226. 岡山の正月儀礼・鶴藤鹿忠
227. 原子物理学の父 仁科芳雄・井上 泉・イシイ省三
228. 赤松月船の世界・定金恒次
229. 邑久を歩く・前川 満
230. 岡山の宝箱・臼井洋輔・臼井隆子
231. 平賀元義を歩く・渡部秀人・竹内佑宜
232. 岡山の中学校運動場・奥田澄二
233. おかやまの桃太郎・市川俊介
234. 岡山のイコン・植田心壮
235. 神島八十八ヶ所・坂本亜紀児
236. 倉敷ぶらり散策・倉敷ぶんか倶楽部
237. 作州津山 維新事情・竹内佑宜
238. 坂田一男と素描・妹尾克己・イシイ省三
239. 岡山の作物文化誌・臼井英治
240. 児島八十八ヶ所霊場巡り・倉敷ぶんか倶楽部
241. 岡山の花ごよみ・前川 満
242. 英語の達人・本田増次郎・小原 孝
243. 城下町勝山ぶらり散策・橋本惣司・倉敷ぶんか倶楽部
244. 高梁の散策・朝森 要
245. 薄田泣菫の世界・黒田えみ
246. 岡山の動物昔話・立石憲利・江草昭治
247. 岡山の木造校舎・河原 馨
248. 玉島界隈ぶらり散策・小野敏也・倉敷ぶんか倶楽部
249. 岡山の石橋・北脇義友
250. 哲西の先覚者・加藤章三
251. 作州画人伝・竹内佑宜
252. 笠岡諸島ぶらり散策・NPO法人かさおか島づくり海社
253. 磯崎眠亀と錦莞莚・吉原 睦
254. 岡山の考現学・おかやま路上観察学会
255. 「備中吹屋」を歩く・前川 満
256. 上道郡沖新田・安倉清博
257. 続・岡山の作物文化誌・臼井英治
258. 土光敏夫の世界・猪木正実
259. 吉備のたたら・岡山地名研究会
260. いろはで綴るボクの子供事典・赤枝郁郎
261. 民話の里 鏡野町伝説紀行・立石憲利・片田知宏
262. 笠岡界隈ぶらり散策・ぶらり笠岡友の会
263. つやま自然のふしぎ館・森本信一
264. 岡山の山野草と野生ラン・小林克己
265. 文化探検 岡山の甲冑・臼井洋輔
266. ママカリ ヒラに まったりサーラ・窪田清一
267. 岡山の駅舎・河原 馨
268. 守分 十の世界・猪木正実
269. 備中売薬・土岐隆信・木下 浩
270. 倉敷市立美術館・倉敷市立美術館
271. 津田永忠の新田開発の心・柴田 一
272. 岡山ぶらりスケッチ紀行・南 一平・網本善光
273. 倉敷美観地区 歴史と民俗・吉原 睦
274. 森田思軒の世界・倉敷ぶんか倶楽部
275. 三木行治の世界・猪木正実
276. 岡山路面電車各駅街歩き・倉敷ぶんか倶楽部
277. 赤磐きらり散策・高畑富子
278. 岡山民俗館 民具一〇〇選・岡山民俗学会
279. 笠岡市立竹喬美術館・笠岡市立竹喬美術館
280. 岡山の夏目金之助(漱石)・横山俊之・熊代正英
281. 吉備の中山を歩く・熊代哲士・熊代建治
282. 備前刀 日本刀の王者・佐藤寛介・植野哲也
283. 繊維王国おかやま今昔・猪木正実
284. 温羅伝説・中山 薫
285. 現代の歌聖 清水比庵・笠岡市立竹喬美術館
286. 鴨方往来拓本散策・坂本亜紀児
287. 玉島旧柚木家ゆかりの人々・倉敷ぶんか倶楽部
288. カバヤ児童文庫の世界・岡 長平
289. 野﨑邸と野﨑武左衛門・猪木正実
290. 岡山の妖怪事典 妖怪編・木下 浩
291. 松村緑の世界・黒田えみ
292. 吉備線各駅ぶらり散策・倉敷ぶんか倶楽部
293. 「郷原漆器」復興の歩み・高山雅之
294. 作家たちの心のふるさと・加藤章三
295. 自画像の異彩画家 河原修平の世界・倉敷ぶんか倶楽部
296. 岡山の妖怪事典 鬼・天狗・河童編・木下 浩
297. 歴史・伝承・文学・アート 岡山の魅力再発見・柳生尚志
298. 井原石造物歴史散策・大島千鶴
299. 岡山の銀行 合併・淘汰の150年・猪木正実
300. 吹屋ベンガラ・臼井洋輔